SCHICKE FLICKEN

100 SCHICKE FLICKEN

Deborah »Ismoyo« Green

100 Motive zum Applizieren
Mit Projektideen, Techniken und Vorlagen

Knaur

Bibliografische Information der Deutschen Nationalbibliothek
Die Deutsche Nationalbibliothek verzeichnet diese Publikation in der Deutschen Nationalbibliografie; detaillierte bibliografische Daten sind im Internet über http://dnb.d-nb.de abrufbar.

Conceived, designed and produced by
Quarto Publishing plc
The Old Brewery
6 Blundell Street
London N 7 9BH

Deborah Green has asserted her right to be identified as author of this work in accordance with the Copyright, Designs and Patterns Act, 1988.

Titel der Originalausgabe: 100 Appliqué Motifs

Project Editors: Rachel Mills and Chloe Todd Fordham
Art Director: Caroline Guest
Designer: Michelle Canatella
Photographer: Martin Norris and Phil Wilkins
Copy Editor: Betsy Hosegood
Proofreader: Diana Chambers
Indexer: Diana LeCore
Creative Director: Moira Clinch
Publisher: Paul Carslake

Deutsche Ausgabe:
Projektleitung: New Ground Publishing GmbH, Anja Fuhrmann
Übersetzung: Wiebke Krabbe, Damlos
Herstellung: Veronika Preisler
Satz: Wilhelm Vornehm, München

Umschlaglayout und -herstellung: Dorothee Griesbeck

ISBN 978-3-426-64706-6

Printed in Singapore
5 4 3 2 1

Bitte besuchen Sie uns auch im Internet unter der Adresse:
www.knaur-ratgeber.de und auf: **www.stichundstrich.de**

INHALT

VORWORT

Jahrelang galten Applikationen als altmodisch, aber neuerdings erlebt die Technik eine Renaissance. Die Handarbeitsmethode, bei der Motive aus einem Stoff ausgeschnitten und auf einen anderen aufgenäht werden, ist seit Urzeiten bekannt. Selbst in ägyptischen Grabkammern hat man Applikationen gefunden. In den USA und Europa wurde das Applizieren mit dem Quilten zur Kunstform entwickelt, hatte aber auch einen praktischen Nutzen zum Reparieren schadhafter Textilien. Heute entdecken viele junge Frauen traditionelle Handarbeiten neu. Sie häkeln, stricken und quilten – oder peppen Kleidung mit witzigen Applikationen auf.

Bei mir kam die Begeisterung mit der Freude am Nähen und an schönen Stoffen. Es macht mir Spaß zu entdecken, dass ein Motiv aus einfarbigem Stoff ganz anders wirkt, als wenn es aus einem mehrfarbig gemusterten Material zugeschnitten wird. Auf den folgenden Seiten stelle ich Methoden vor und gebe Tipps. Es liegt mir aber fern, feste Regeln aufstellen zu wollen. Wie bei den meisten Handarbeitstechniken gibt es verschiedene Wege zum Ziel. Mit diesem Buch möchte ich jeder Leserin Hilfen und Anregungen geben, um einen eigenen Stil zu finden. Es darf nach Belieben abgewandelt werden, eigene Einfälle sind erwünscht, und es können alle Stoffe verarbeitet

ÜBER DIESES BUCH

Das Buch ist in vier Kapitel gegliedert. Am umfangreichsten ist der Abschnitt »Muster und Motive«, in dem die 100 Applikationsbeispiele detailliert vorgestellt werden. Wer nicht das ganze Kapitel von Seite 52 bis 115 durchblättern möchte, kann auf den Übersichtsseiten 8–11 ein Motiv auswählen und dann gezielt nachschlagen.
Im Kapitel »Applizieren – so geht's« werden Schritt für Schritt die verschiedenen Methoden vorgestellt, mit denen man Motive auf einem Stoffuntergrund befestigen kann.

WERKZEUGE & MATERIALIEN (SEITE 12–19)

In diesem Kapitel ist alles Wissenswerte über die nötigen Utensilien zusammengestellt – von der Wahl der Materialien bis zum Kauf von Verzierungen und Textilklebern.

APPLIZIEREN – SO GEHT'S (SEITE 20–51)

In diesem Kapitel werden sechs verschiedene Techniken ausführlich erklärt und durch viele Fotos veranschaulicht.

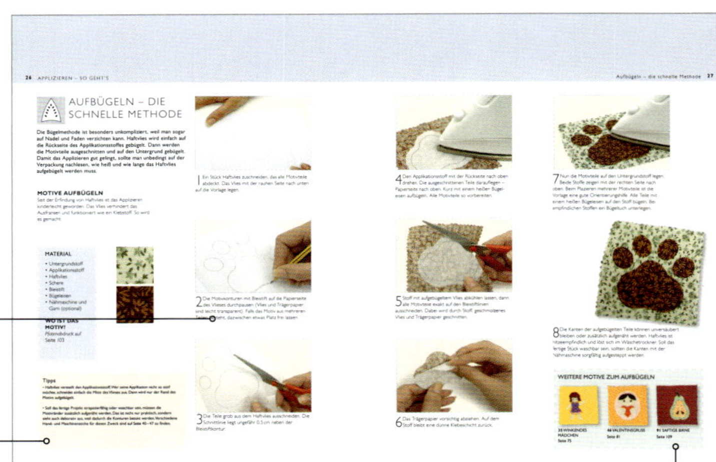

Schritt-für-Schritt-Anleitungen, leicht verständlich und übersichtlich.

Kästen mit zusätzlichen Hinweisen, Vorschlägen für Alternativen oder Tipps bei kleinen Pannen.

Weitere Motive, bei denen dieselbe Technik zum Einsatz kommt.

Meine Musterwand war mir bei der Auswahl der Projekte eine große Hilfe.

werden, die sich in der Restekiste finden. Ob einfache, einteilige Motive oder anspruchsvollere 3D-Projekte: Hier finden Anfängerinnen und Geübte Vorschläge für jeden Geschmack.

Ich wünsche meinen Leserinnen beim Stöbern so viel Spaß wie ich hatte, als ich die Motive und Projekte zusammenstellte.

deborah 'ismoyo' green

DIE SYMBOLE

Die folgenden Symbole zeigen an, welche Techniken bei den Projekten zum Einsatz kommen.

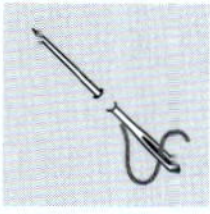

Von Hand

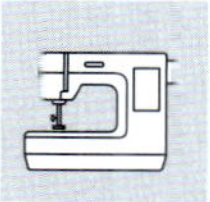

Maschine

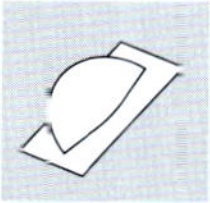

3D-Applikation

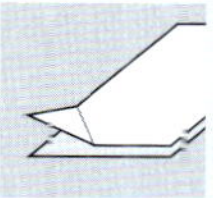

Papiereinlage

Aufgebügelt

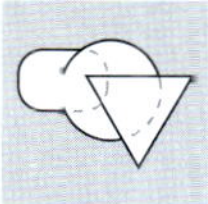

Mehrschichtig

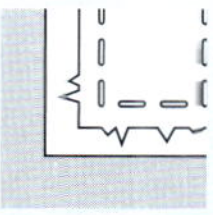

Unversäubert

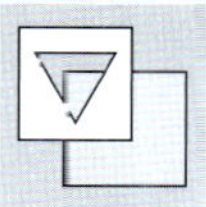

Unterlegt

MUSTER & MOTIVE (SEITE 52–115)

103 verschiedene Motive mit Stoffmustern, Vorlagen und Hinweisen auf die günstigste Methode.

Ein Symbol gibt die verwendete Methode an und verweist auf die Seite in Kapitel 2, auf der sie genau erklärt wird.

Hier werden zusätzliche Materialien, Dekorationen oder Zierstiche beschrieben.

Die Vorlage zum Zuschneiden des Stoffmotivs. Tipps zum Vergrößern sind auf den Seiten 22 und 23 zu finden. Bei komplizierten Motiven geben Zahlen die Reihenfolge an, in der die Teile auf dem Stoff befestigt werden.

Diese Kästen geben Tipps zum Kombinieren verschiedener Motive und zum Umsetzen eigener Projekte und Ideen.

PROJEKTE (SEITE 116–125)

Dieses Kapitel enthält weitere Anregungen, um eigene Ideen zu entwerfen und zu verwirklichen. Ob Buchhülle, Bild oder Schuhe, ob Tasche, Mütze oder Top: Mit Applikationen kann man Kleidung und Accessoires originell aufpeppen und der Wohnung eine ganz persönliche Note geben.

MOTIVE IM ÜBERBLICK

Hier sind alle Motive aus diesem Buch im Überblick zu sehen. Einzelheiten zu den verwendeten Materialien und Techniken sowie die Motivvorlage werden auf der jeweiligen Seite angegeben.

BUNTE GEOMETRIE

1 DISCOKUGEL MIT KNÖPFEN

Seite 55

2 KIRCHENFENSTER

Seite 55

3 STRAHLENDER STERN

Seite 56

4 HERZ UND BLUME

Seite 56

5 SECHSECK-BLUME

Seite 57

6 SCHMETTERLING

Seite 57

7 FRANSIGE RECHTECKE

Seite 58

8 DREIFACH-DREIECK

Seite 58

9 HIPPIE-CHIC

Seite 59

10 GLÜCKSWÜRFEL

Seite 59

11 LOST IN SPACE

Seite 60

12 LIEBESLIED

Seite 60

13 HERZ IM HERZEN

Seite 61

14 BUNTES SECHSECK

Seite 61

NATUR PUR

15 BLUMENGIRLANDE

Seite 63

16 UNVERWÜSTLICHER KAKTUS

Seite 63

17 HIBISKUSBLÜTE

Seite 64

18 GÄNSEBLÜMCHEN

Seite 64

19 BLÜHENDE TULPEN

Seite 65

20 ROSA PILZE

Seite 66

21 WOLKEN

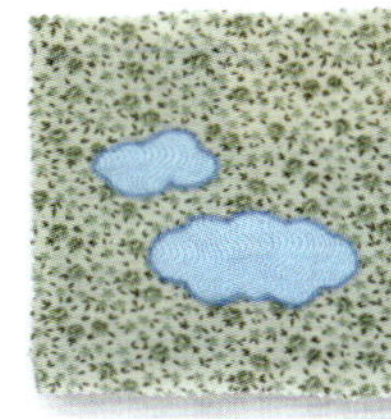

Seite 66

22 REGENTROPFEN

Seite 67

23 EICHEL

Seite 67

24 KNOPFBAUM

Seite 68

25 BAUM AUS RESTEN

Seite 68

26 AHORN

Seite 69

27 SEEROSEN IM WINTER

Seite 69

28 KROKUS

Seite 70

29 HERBSTBLUMEN

Seite 70

30 IMMERGRÜNE BLUME

Seite 71

31 GEOMETRISCHE BLUME

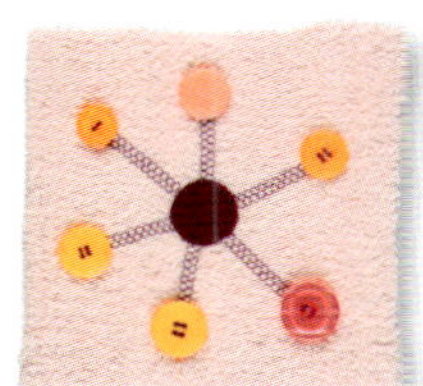

Seite 72

32 ROSETTE

Seite 72

33 BLUMEN AUS BÄNDERN

Seite 73

FÜR JUNGS UND MÄDCHEN

34 WINKENDER JUNGE

Seite 75

35 WINKENDES MÄDCHEN

Seite 75

36 MÄDCHEN IM ROTEN KLEID

Seite 76

37 SPORTLER

Seite 76

38 TANZ MIT SCHMETTERLINGEN

Seite 77

39 MAGST DU MICH?

Seite 78

40 MIT SCHLIPS UND KRAGEN

Seite 78

41 HÜBSCH GEMACHT

Seite 79

42 SCHUTZENGEL

Seite 79

43 ERDBEERROTE TASCHE

Seite 80

44 REGENSCHIRM

Seite 80

45 MATRIJOSCHKA

Seite 8

46 VALENTINSGRUSS

Seite 81

47 BLUMENMÄDCHEN

Seite 82

48 KOKESHI IN CREME

Seite 82

49 YAKUTA IN GELB

Seite 83

50 KIMONO GIRL

Seite 84

51 EINFACHER JUNGE

Seite 84

52 EINFACHES MÄDCHEN

Seite 85

TIERISCH NIEDLICH

53 KÄTZCHEN

Seite 87

54 CHIHUAHUA

Seite 87

55 PHANTASIE-MONSTER

Seite 88

56 GLÜCKSPILZ

Seite 88

57 BITTE LÄCHELN!

Seite 89

58 FLÜGELTIER

Seite 89

59 BIENE

Seite 90

60 GROSSER SCHMETTERLING

Seite 90

61 MARIENKÄFER

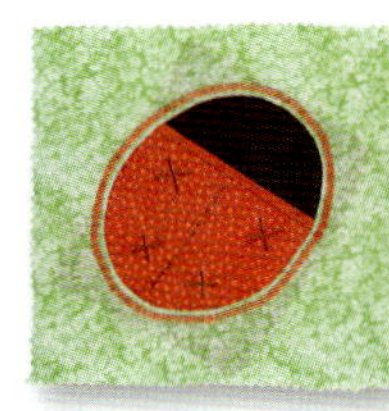

Seite 91

62 SCHNECKE MIT HAUS

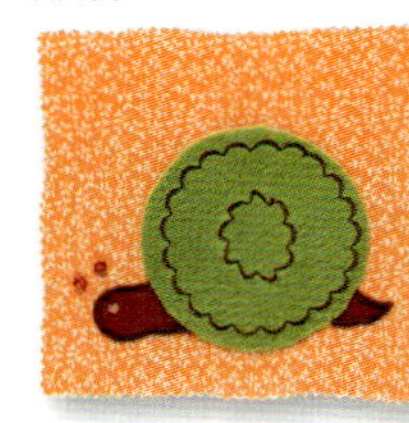

Seite 92

63 RAUPE

Seite 92

64 IGEL

Seite 93

65 FREUNDLICHER FROSCH

Seite 93

66 ZWINKERKATZE

Seite 94

67 EULE MIT GROSSEN AUGEN

Seite 94

68 MONDGESICHT

Seite 95

69 KUCKUCK!

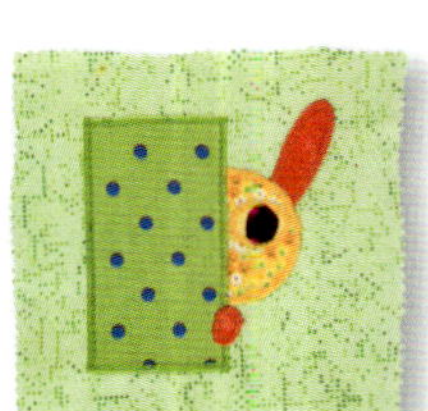

Seite 95

70 VERSTECKT

Seite 96

71 PANDABÄR

Seite 96

72 HÄSCHEN

Seite 97

73 KUSCHELWEICHES SCHAF

Seite 97

74 ELEFANTENBABY

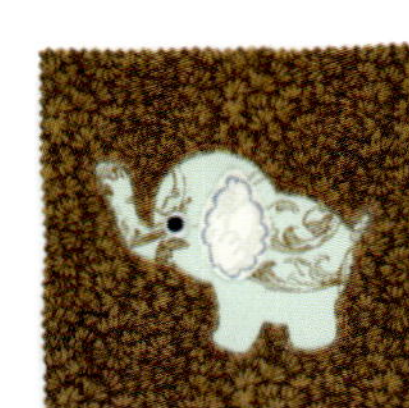

Seite 98

75 EICHHÖRNCHEN

Seite 98

76 KLEINER KAUZ

Seite 99

77 KÜKEN AUF REISEN

Seite 100

78 PINGUIN

Seite 100

79 SCHLÄFRIGER TEDDY

Seite 101

80 GIRAFFE

Seite 102

81 SCHILDKRÖTE

Seite 102

82 PFOTENABDRUCK

Seite 103

ZUM ANBEISSEN

83 ZITRONENFRISCH

Seite 105

84 EIS AM STIEL

Seite 105

85 BESTECK

Seite 106

86 GEBURTSTAGS-KUCHEN

Seite 106

87 SUSHI

Seite 107

88 BONBONS

Seite 107

89 KNOPFERDBEERE

Seite 108

90 APFEL

Seite 108

91 SAFTIGE BIRNE

Seite 109

92 WASSERMELONE

Seite 109

93 TÖRTCHEN

Seite 110

94 SÜSSER HAPPEN

Seite 110

95 ZUCKERWATTE

Seite 111

96 EISBECHER

Seite 111

97 EISTÜTE

Seite 112

98 TEEKANNE

Seite 112

99 TEETASSE

Seite 113

100 GESCHÜTTELT, NICHT GERÜHRT

Seite 113

101 TOAST

Seite 114

102 SPIEGELEI

Seite 114

103 SÜSSE TRÄUME

Seite 115

KAPITEL EINS

Bevor es losgeht, muss Werkzeug und Material gesichtet und vielleicht beschafft werden. Dieses Kapitel enthält Tipps zum Einkauf der Materialien und einige Informationen zur Pflege der wichtigsten Werkzeuge.

WERKZEUGE & MATERIALIEN

WERKZEUGE

Mit den richtigen Werkzeugen und Materialien ist das Applizieren nicht schwierig. Welches Werkzeug benötigt wird, hängt vor allem von der gewählten Arbeitsmethode ab.

Nähmaschine ▶
Es geht zwar ohne, aber mit einer Nähmaschine ist das Applizieren einfacher. Kanten lassen sich schnell und sauber aufnähen. Man kann mit einem normalen Steppfuß arbeiten, leichter gelingen Applikationen aber mit einem Stopffuß, bei dem man während des Nähens die Stiche sehr gut sehen kann. Manche Stopffüße haben auf der Unterseite eine Rille, so dass der Fuß auch an dicken Stichen nicht hängenbleibt.

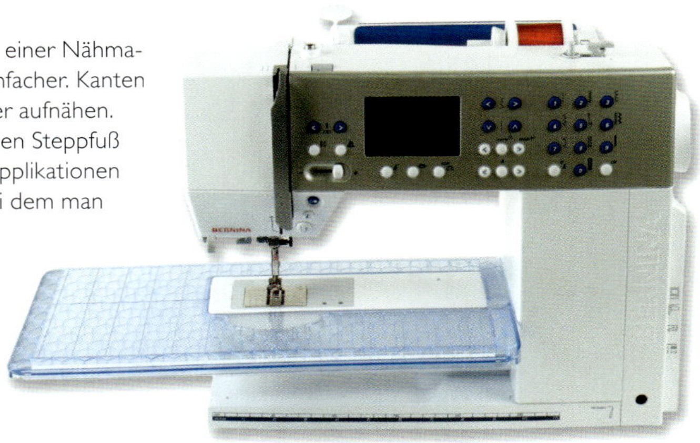

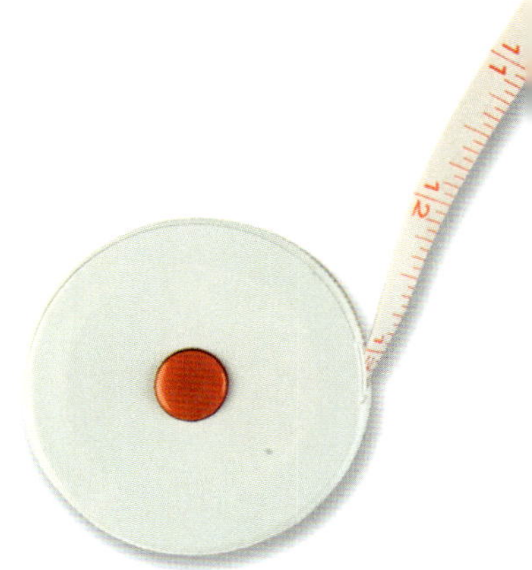

Maßband ▲
Man braucht es zum Abmessen von Stoff und zum Plazieren von Motiven.

Schneiderkreide ▼
Zum Anzeichnen von Linien und Details direkt auf dem Stoff, etwa für ein Gesicht, das später nachgestickt wird. Die Striche lassen sich leicht ausbürsten. Den Stoff erst bügeln, nachdem die Kreidemarkierungen entfernt wurden.

Maschinennadeln
Solche Nadeln gibt es in vielen Varianten. Die Stärke wird mit Zahlen angegeben: Je höher die Zahl, desto dicker die Nadel. Die Nadelstärke richtet sich nach der Stoffqualität. Für dicke, feste Stoffe braucht man eine dicke Nadel, für leichte und feine Gewebe eine dünne. Mit einer Packung, die verschiedene Größen enthält, ist man gut ausgestattet. Es lohnt sich, die Nadeln zuerst auf Stoffresten auszuprobieren. Die Nadeln regelmäßig erneuern, denn stumpfe Nadeln können den Stoff beschädigen oder zu ungleichmäßigen Stichen führen.

Nähnadeln ▼
Auch Handnähnadeln müssen auf Stoff und Garn abgestimmt sein. Das Öhr sollte gerade groß genug sein, dass der Faden hindurch passt, damit sie sich leicht durch den Stoff stechen lassen. Die Stärke wird durch eine Zahl angegeben. Je höher die Zahl, desto dünner die Nadeln.

◀ Schere
Die Stoffschere sollte ausschließlich für Stoff verwendet werden. Niemals Papier damit schneiden, sonst wird sie schnell stumpf und schneidet Stoff nicht mehr akkurat.

◀ Zackenschere
Die gezackten Klingen ergeben dekorative Kanten, die nicht so leicht ausfransen.

◀ Trennmesser
Mit seiner dünnen Spitze lassen sich Stiche sauber auftrennen.

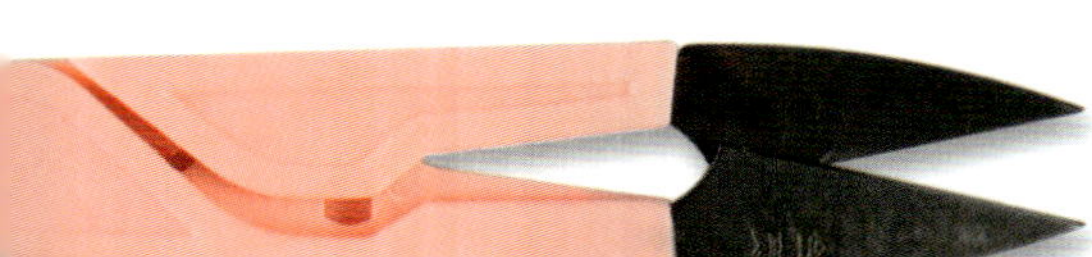

◀ Fadenschere
So eine kleine Schere ist praktisch, um Fadenenden abzuschneiden.

Fingerhut ▲
Ein gutsitzender Fingerhut schützt beim Sticken und Nähen mit der Hand den Finger und erleichtert es, die Nadel durch den Stoff zu drücken.

Stecknadeln ▼
Stecknadeln dienen zur provisorischen Befestigung von Stoffteilen. Nadeln mit Glasköpfen sieht man auch in gemusterten Stoffen. Nadeln mit Kunststoffköpfen schmelzen bei Berührung mit einem heißen Bügeleisen. Für sehr feine Arbeiten gibt es auch extradünne Stecknadeln.

Kantenfixierer
Diese Flüssigkeit kann man auf Stoffkanten auftragen, um das Ausfransen zu verhindern. Besonders praktisch für Leinen und andere Stoffe, die stark ausfransen.

Textilkleber und Dekorkleber
Im Fachhandel gibt es verschiedene Produkte. Welcher sich wofür eignet, steht auf dem Etikett. Manche sorgen für dauerhaften Halt, z. B. zum Anbringen kleiner Verzierungen. Andere dienen zum vorübergehenden Fixieren, wieder andere zum Befestigen von Borten und Applikationen auf waschbaren Stoffen. Interessant sind auch Effekt- und Glitzerkleber, mit denen sich Glitzersteine und andere Kleinigkeiten so fest aufkleben lassen, dass sie mehrere Wäschen überstehen.

Nadelkissen ▲
Praktisch, um Stecknadeln aufzubewahren. Eine kleine Schachtel oder eine Untertasse erfüllt denselben Zweck.

Bügeleisen und Bügelbrett ▶
Ein Bügeleisen braucht man zum Anbringen von Bügelvlies, zum Umbügeln von Kanten und zum Glätten von Stoffen und fertigen Projekten.

STOFFE

Die Wahl des Stoffes ist die wichtigste und vielleicht schwierigste Entscheidung beim Applizieren, weil es so viele verschiedene Stile, Muster, Farben und Strukturen gibt. Ideal sind Gewebe, die nicht so leicht ausfransen oder sich verziehen. Im Kapitel »Muster und Motive« ab Seite 52 sind über 100 verschiedene Vorschläge zu finden, die aus Stoffresten gearbeitet werden können. Die Vorlage wird einfach auf einen Stoffrest von ausreichender Größe gelegt und ausgeschnitten. Dabei muss die Laufrichtung des Musters beachtet werden. Weil manche Stoffe abfärben oder einlaufen, ist es sinnvoll, sie vor dem Zuschneiden zu waschen.

Filz ▶
Filz unterscheidet sich insofern von anderen Stoffen, als er nicht ausfranst und – sofern das fertige Projekt nicht waschbar sein muss – nicht vorgewaschen werden muss. Er eignet sich bestens für Anfängerinnen, weil er robust ist und sich leicht nähen lässt. In der Wäsche läuft er aber stark ein, für waschbare Projekte muss er deshalb unbedingt vorgewaschen werden: Von Hand in heißem Wasser waschen, dann kalt spülen und trocknen. Große Stücke können in der Maschine gewaschen werden, jedoch nur im Schonwaschgang, damit sie nicht knittern oder sich verziehen. Je mehr Wolle der Filz enthält, desto stärker läuft er ein.

Baumwolle ▼

Baumwollstoffe sind für Applikationen sehr beliebt. Viele der Motive in diesem Buch wurden aus Baumwolle zugeschnitten, weil sie sich leicht nähen lässt und wenig ausfranst. Man kann einfarbige und gemusterte Stoffe verwenden und mit ungewöhnlicheren Materialien wie Seide, Karostoff, Cord oder Denim kombinieren oder mit Bändern und Borten (siehe Seite 19) verzieren.

SONSTIGE MATERIALIEN

Eine Reihe von Materialien ist praktisch, wenn auch nicht unbedingt erforderlich. Dazu gehören Klebstoffe, Wattierungen und Vliese sowie Aufbügelpapier. Sie können die Arbeit erheblich erleichtern und bieten sich auch an, wenn man mit schwierigeren Techniken wie 3D-Motiven experimentieren will.
(Siehe Seite 34)

Aufbügelpapier

Dieses Spezialpapier ist nützlich zum Übertragen von Motiven auf den Stoff. Das Motiv wird auf das Papier gezeichnet, dann wird das Papier auf den Stoff gebügelt, auf dem es vorübergehend hält. Erst dann wird die Kontur ausgeschnitten. Bei dieser Technik dient das Papier auch als Orientierung für die Nahtlinie.
(Siehe Seite 28–29)

Wattiervlies

Dieses füllige Vlies wird unter das Motiv gelegt, um es plastisch zu formen. Im Fachhandel gibt es verschiedene Qualitäten, von denen sich viele für die Wandbilder und die plastischen Motive in diesem Buch eignen.

Füllwatte

Normalerweise benutzt man diese Synthetikwatte zum Ausstopfen von Stofftieren und Kissen. In diesem Buch wird sie für plastisch aufgepolsterte Motive verwendet.
(Siehe Seite 34–35)

Bügelvlies

Dieses dünne Vlies verwendet man, um Motive auf ihrem Untergrund zu fixieren. Es besteht aus einer Papierträgerschicht mit einer dünnen Haftschicht. Bei Hitzeeinwirkung schmilzt die Haftschicht und klebt am Stoff fest. Das Vlies wird einfach auf die linke Stoffseite des Motivs gebügelt. Nach dem Abkühlen kann man das Trägerpapier abziehen und das Motiv auf seinen Untergrund bügeln – schnell und einfach!
(Siehe Seite 26–27)

Einlagen und Versteifungen

Damit dünne Stoffe sich durch enge Stiche nicht verziehen, sollten sie versteift werden. Dazu bügelt man auf die Rückseite eine Einlage, die den Stoff etwas steifer macht und verhindert, dass er sich wellt oder Beulen bekommt. Einlagen zum Aufbügeln werden in verschiedenen Festigkeitsgraden angeboten.

KURZWAREN

Für viele der Motive im Kapitel »Muster und Motive« werden zusätzliche Materialien verwendet, um den Applikationen Charakter oder plastische Wirkung zu geben. Es lohnt sich, eine kleine Sammlung solcher Materialien zusammenzutragen!

Verzierungen

Zum Verzieren von Applikationen eignen sich viele Kleinigkeiten, beispielsweise Bänder und Kordeln, Stoffblumen, Pailletten, Perlen, Knöpfe oder Glitzersteinchen zum Aufkleben. Ob sparsam als Akzent oder großzügig und üppig, ob zum Aufnähen oder zum Aufkleben: Es gibt zahllose Möglichkeiten.

Alle Verzierungen, die in diesem Buch verwendet werden, sind im Stoff- oder Kurzwarenhandel erhältlich. Natürlich können auch Stücke aus der eigenen Sammlung verwendet werden – sie geben dem Motiv sogar einen ganz individuellen Charme.

Sammellust ▲
Ein vielseitiger Vorrat ist nützlich. Wie wäre es mit kleinen Schleifen, Glitzerperlen und Wackelaugen?

Glitzersteine ▲
Glänzende Knöpfe und Glitzersteine geben der Applikation einen Hauch von Glamour.

Knöpfe ▲
Ein einzelner Knopf oder ein Grüppchen Pailletten kann witzig aussehen – prima, um Restbestände aufzubrauchen!

Bänder und Borten ▶
Schöne Bänder und Borten eignen sich als Rahmen für einfache Motive und werten auch Applikationen auf, die verschenkt werden sollen.

Borte mit Maschinenstickerei

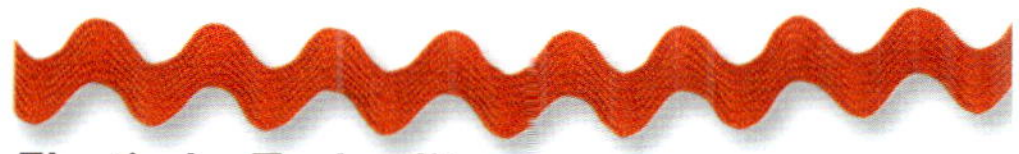
Elastische Zackenlitze

Spitze

Faltenborte

Schmales Baumwollband

Breites Satinband

Lochstickerei-Spitze

Garne ▼
Wer Motive mit Zierstichen dekorieren möchte (siehe Seite 40–47), sollte eine Garnfarbe nehmen, die mit dem Stoff kontrastiert. Dickere Maschinengarne, Viskose- oder Metallicgarne sehen besonders interessant aus. Für dezentere Effekte verwendet man Garn in der Farbe des Stoffes, das vor allem bei Blindsaumstich mit der Maschine nahezu unsichtbar ist.

Reizvoll sind Kontrastfarben wie Rosa und Grün …

… Rot und Gelb …

… oder Violett und Orange.

Perlen ▲
Einige Perlen sollte man auf Vorrat haben, denn sie setzen interessante Akzente und können Motive im Nu veredeln.

Band auf der Rolle ▶
Sollen mehrere Stücke auf gleiche Art verziert werden, lohnt sich oft der Kauf einer ganzen Rolle Band.

Stickgarn
Empfehlenswert ist Sticktwist, der aus sechs Einzelfäden besteht. Je mehr Fäden man in die Nadel einfädelt, desto dicker fallen die Stiche aus.

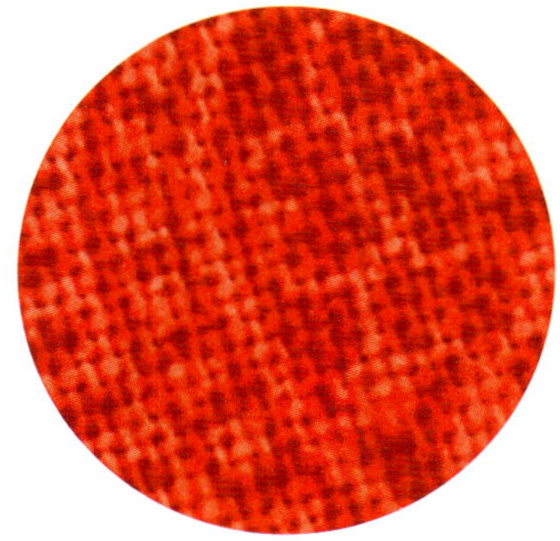

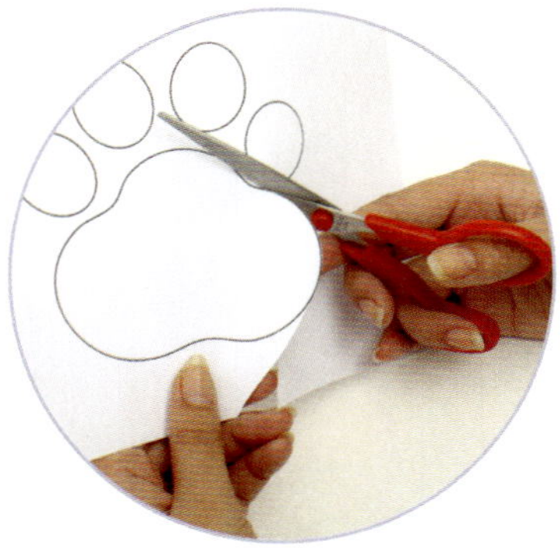

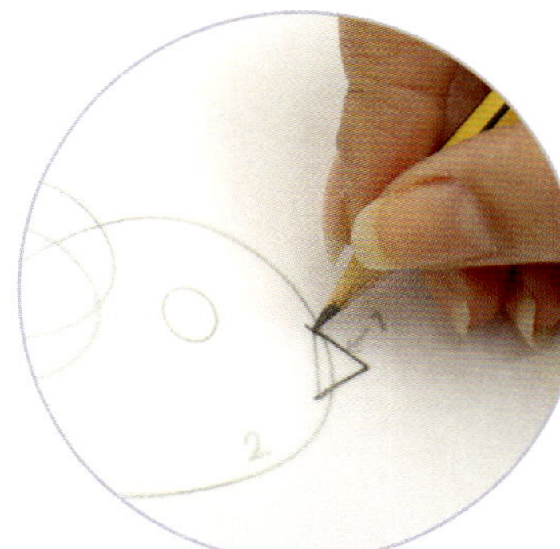

KAPITEL ZWEI

In diesem Kapitel werden verschiedene Applikationstechniken Schritt für Schritt und mit anschaulichen Fotos vorgestellt. Es lohnt sich, ein bisschen zu experimentieren, um herauszufinden, mit welcher Technik man am besten zurechtkommt.

APPLIZIEREN – SO GEHT'S

VORLAGEN UND SCHABLONEN

Nach der Auswahl eines Motivs aus Kapitel 3 (ab Seite 52) ist es wichtig, sich die Vorlage genau anzusehen. In den meisten Fällen muss sie vergrößert werden. Das kann auf verschiedene Weise geschehen: Man kann sie von Hand abzeichnen oder durchpausen und dann fotokopieren. Man kann sie aber genauso gut mit Hilfe eines Rasters vergrößern oder einscannen und in einer anderen Größe ausdrucken. Alle Methoden sind gleichermaßen geeignet. Die Wahl richtet sich allein nach den eigenen Vorlieben oder den Geräten, die zur Verfügung stehen.

DURCHPAUSEN UND FOTOKOPIEREN

Eine einfache, aber praktische Methode zum Vergrößern einer Vorlage. Benötigt werden dafür Papier, Bleistift und ein Fotokopierer.

Das Motiv auf Transparentpapier durchpausen. Das Papier in den Fotokopierer einlegen und auf das gewünschte Format vergrößern. Wer keinen Zugang zu einem Fotokopierer hat, kann das Motiv von Hand mit der Rastermethode (siehe Seite 23) vergrößern.

MATERIAL

- Papier
- Transparentpapier
- Bleistift
- Fotokopierer
- Scharfe Schere

SCANNEN

Wer Scanner, Computer und Drucker besitzt, wird diese Methode schätzen, weil man die Motive als Bilddateien abspeichern kann.

Das Motiv einscannen und auf das gewünschte Format vergrößern. Dann so viele Exemplare ausdrucken, wie das Motiv überlappende Elemente hat. Alle ausgedruckten Teile sauber ausschneiden. Wo die Teile einander überlagern, schneidet man das obere aus einem Blatt Papier und das untere aus einem zweiten Blatt aus.

Tipp

Schablonen sind in Briefumschlägen gut aufgehoben. Am besten das komplette Motiv auf die Außenseite zeichnen, so findet man alles schnell wieder.

MATERIAL

- Scanner
- Computer
- Drucker
- Scharfe Schere

DIE RASTERMETHODE

Diese traditionelle Methode kostet Zeit, und die Ergebnisse fallen nicht immer ganz exakt aus. Aber man braucht dafür keine speziellen Utensilien.

1 Mit Bleistift und Lineal am oberen und unteren Rand Markierungen in Abständen von 1 cm anzeichnen. Gegenüberliegende Markierungen mit dem Lineal verbinden. Ebenso Markierungen an den Seitenkanten anzeichnen und verbinden. So entsteht über der Motivvorlage ein regelmäßiges Raster.

2 Jetzt wird entschieden, wie stark das Motiv vergrößert werden soll. Danach richtet sich die Kästchengröße des neuen Rasters. Soll das Motiv doppelt so groß werden, zeichnet man auf ein weißes Blatt Papier ein Raster mit Kästchen von 2 x 2 cm Größe. Anschließend die Motivkonturen Feld für Feld von der Vorlage in das neue Raster übertragen. Zum Schluss das vergrößerte Motiv ausschneiden. Falls Motivteile einander überschneiden, werden zuerst alle vergrößert gezeichnet und danach ausgeschnitten.

MATERIAL

- Papier
- Lineal
- Bleistift
- Scharfe Schere

MEHRFACH VERWENDBARE SCHABLONEN

Soll ein Motiv mehrfach appliziert werden, müssen die Schablonen haltbar sein. In diesem Fall ist es sinnvoll, sie nicht aus Papier zuzuschneiden, sondern aus fester Pappe.

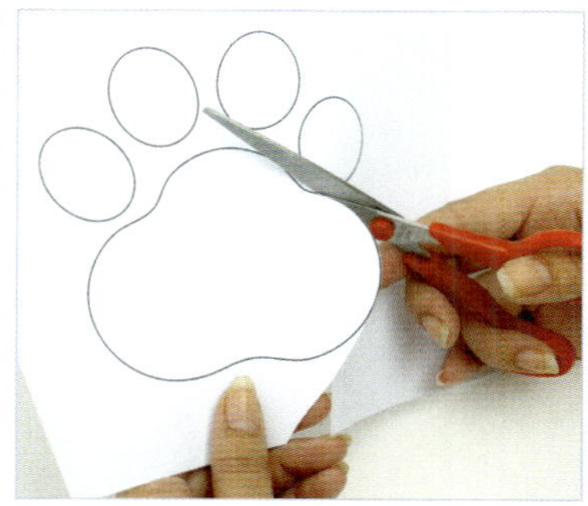

1 Zuerst eine Papierschablone zeichnen, bei Bedarf vergrößern und dann ausschneiden.

2 Alle Teile der Schablone mit normalem Papierkleber (z. B. einem Klebestift) auf feste Pappe kleben.

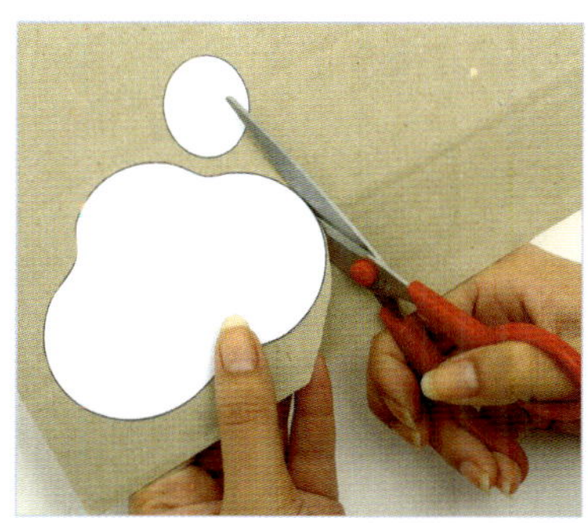

3 Wenn der Kleber trocken ist, die verstärkten Teile mit einer scharfen Papierschere ausschneiden.

MATERIAL

- Papier
- Pappe
- Bleistift
- Papierkleber
- Scharfe Schere

MEHRSCHICHTIGE MOTIVE

Für viele Motive in diesem Buch werden mehrere Schablonen benötigt. Wenn gemusterte Stoffe einander im fertigen Motiv überlagern, ist besondere Aufmerksamkeit nötig. Zuerst sollte das Motiv genau studiert werden, denn die Stoffschichten müssen in durchdachter Reihenfolge zugeschnitten und appliziert werden. Vorausschauendes Denken macht – wie so oft – die Arbeit leichter.

MEHRSCHICHTIGE MOTIVE VORBEREITEN

Hier wird die Vorbereitung eines Motivs aus mehreren, einander überlappenden Teilen gezeigt. Die Methode lässt sich leicht auf andere Motive, und natürlich auch auf eigene, übertragen.

MATERIAL

- Applikationsstoff(e)
- Untergrundstoff
- Schere
- Nähmaschine und Garn
- Transparentpapier
- Weißes Papier
- Bleistift

Wo ist das Motiv?
Vögel im Garten
Seite 103

Tipp

Auch die Farben müssen durchdacht sein. Man beginnt mit der Untergrundfarbe und sucht dann passende Töne aus, beispielsweise Rosatöne, Erdfarben, Grüntöne oder Primärfarben.

1 Zuerst die Motivteile in der Reihenfolge nummerieren, in der sie aufgelegt werden. Begonnen wird mit der untersten Lage. Sie bekommt die Nummer 1. Fortfahren bis zur obersten Lage.

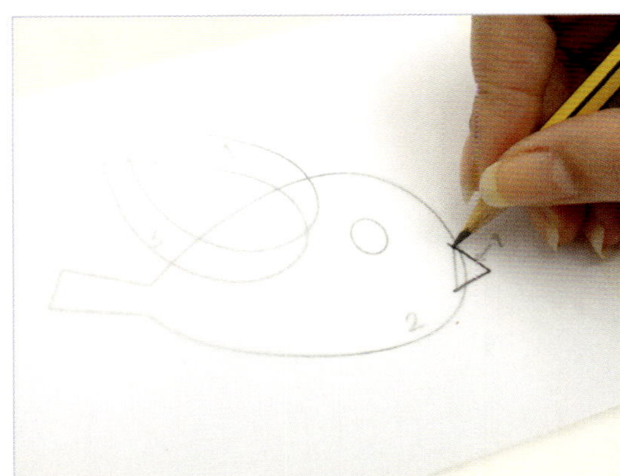

2 Die Teile einzeln durchpausen und dabei auch die Nummern übertragen. Damit im fertigen Motiv keine Lücken entstehen, werden die unteren Teile etwas größer gezeichnet, vor allem dort, wo sie von weiteren Schichten überlagert werden. Hier müssen die Kanten nicht befestigt werden, weil sie später verdeckt sind. Durch die Nummerierung ist gut zu erkennen, welche Kanten von anderen Motivteilen abgedeckt werden.

3 Kleine Motivteile, die ganz auf größeren aufliegen, wie hier das Vogelauge, können direkt auf diesen befestigt werden. Danach werden die miteinander verbundenen Teile wie ein einzelnes Motivteil weiterverarbeitet.

4 Nun wird die erste Motivschicht plaziert und appliziert. Dieses Teil überlagert keine anderen Motivteile. Die unterste Motivlage muss immer zuerst verarbeitet werden.

WEITERE MEHRSCHICHTIGE MOTIVE

32 ROSETTE
Seite 72

67 EULE MIT GROSSEN AUGEN
Seite 94

91 SAFTIGE BIRNE
Seite 109

Das Symbol für mehrschichtige Applikationen wird in Kapitel 3 nicht verwendet, weil fast alle Motive aus mehreren Lagen bestehen. Dies sind drei Vorschläge für Einsteiger.

5 Dann werden in aufsteigender Reihenfolge die weiteren Motivteile appliziert.

AUFBÜGELN – DIE SCHNELLE METHODE

Die Bügelmethode ist besonders unkompliziert, weil man sogar auf Nadel und Faden verzichten kann. Haftvlies wird einfach auf die Rückseite des Applikationsstoffes gebügelt. Dann werden die Motivteile ausgeschnitten und auf den Untergrund gebügelt. Damit das Applizieren gut gelingt, sollte man unbedingt auf der Verpackung nachlesen, wie heiß und wie lange das Haftvlies aufgebügelt werden muss.

MOTIVE AUFBÜGELN

Seit der Erfindung von Haftvlies ist das Applizieren kinderleicht geworden. Das Vlies verhindert das Ausfransen und funktioniert wie ein Klebstoff. So wird es gemacht:

MATERIAL

- Untergrundstoff
- Applikationsstoff
- Haftvlies
- Schere
- Bleistift
- Bügeleisen
- Nähmaschine und Garn (optional)

WO IST DAS MOTIV?

Pfotenabdruck auf Seite 103

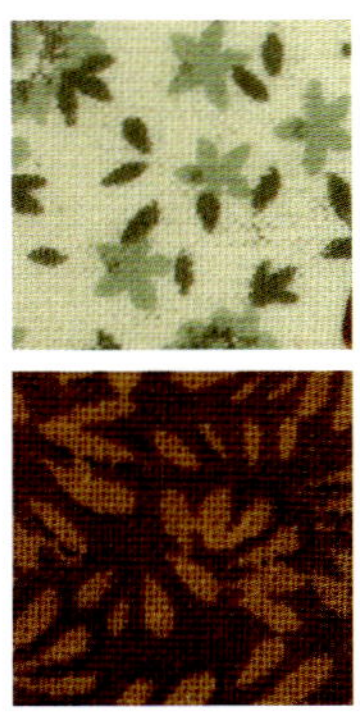

Tipps

- Haftvlies versteift den Applikationsstoff. Wer seine Applikation nicht so steif möchte, schneidet einfach die Mitte des Vlieses aus. Dann wird nur der Rand des Motivs aufgebügelt.

- Soll das fertige Projekt strapazierfähig oder waschbar sein, müssen die Motivränder zusätzlich aufgenäht werden. Das ist nicht nur praktisch, sondern sieht auch dekorativ aus, weil dadurch die Konturen betont werden. Verschiedene Hand- und Maschinenstiche für diesen Zweck sind auf Seite 40–47 zu finden.

1 Ein Stück Haftvlies zuschneiden, das alle Motivteile abdeckt. Das Vlies mit der rauhen Seite nach unten auf die Vorlage legen.

2 Die Motivkonturen mit Bleistift auf die Papierseite des Vlieses durchpausen (Vlies und Trägerpapier sind leicht transparent). Falls das Motiv aus mehreren Teilen besteht, dazwischen etwas Platz frei lassen.

3 Die Teile grob aus dem Haftvlies ausschneiden. Die Schnittlinie liegt ungefähr 0,5 cm neben der Bleistiftkontur.

4 Den Applikationsstoff mit der Rückseite nach oben drehen. Die ausgeschnittenen Teile darauflegen – Papierseite nach oben. Kurz mit einem heißen Bügeleisen aufbügeln. Alle Motivteile so vorbereiten.

5 Stoff mit aufgebügeltem Vlies abkühlen lassen, dann alle Motivteile exakt auf den Bleistiftlinien ausschneiden. Dabei wird durch Stoff, geschmolzenes Vlies und Trägerpapier geschnitten.

6 Das Trägerpapier vorsichtig abziehen. Auf dem Stoff bleibt eine dünne Klebeschicht zurück.

7 Nun die Motivteile auf den Untergrundstoff legen. Beide Stoffe zeigen mit der rechten Seite nach oben. Beim Plazieren mehrerer Motivteile ist die Vorlage eine gute Orientierungshilfe. Alle Teile mit einem heißen Bügeleisen auf den Stoff bügeln. Bei empfindlichen Stoffen ein Bügeltuch unterlegen.

8 Die Kanten der aufgebügelten Teile können unversäubert bleiben oder zusätzlich aufgenäht werden. Haftvlies ist hitzeempfindlich und löst sich im Wäschetrockner. Soll das fertige Stück waschbar sein, sollten die Kanten mit der Nähmaschine sorgfältig aufgesteppt werden.

WEITERE MOTIVE ZUM AUFBÜGELN

35 WINKENDES MÄDCHEN
Seite 75

46 VALENTINSGRUSS
Seite 81

91 SAFTIGE BIRNE
Seite 109

APPLIZIEREN MIT PAPIEREINLAGE

Bei dieser Methode wird ein Spezialpapier aufgebügelt, das auch eine gute Orientierung beim Aufnähen gibt. Dieses Aufbügelpapier ist in Bastel- und Handarbeitsgeschäften erhältlich. Es ist auf einer Seite durch die wachsartige, klebende Beschichtung glänzend und auf der anderen Seite matt. Die beschichtete Seite wird auf den Stoff aufgebügelt, später lässt sich das Papier leicht wieder entfernen. Besonders vorteilhaft ist die Papiermethode in Verbindung mit dem Blindsaumstich, der eine nahezu unsichtbare Naht ergibt (siehe auch Seite 30).

MOTIVE APPLIZIEREN MIT AUFBÜGELPAPIER

Diese traditionelle Methode eignet sich vor allem für kompliziertere Formen oder Motive, bei denen die Stoffkanten unsichtbar sein sollen. Aufgenäht werden die Konturen von Hand oder mit der Maschine.

MATERIAL

- Applikationsstoff
- Untergrundstoff
- Aufbügelpapier
- Bleistift
- Schere
- Bügeleisen
- Pinzette
- Garn in der Farbe des Applikationsstoffs
- Nähmaschine

Wo ist das Motiv?
Saftige Birne auf Seite 109

WEITERE MOTIVE MIT PAPIEREINLAGE

45 MATRIJOSCHKA
Seite 81

59 BIENE
Seite 90

1 Das Motiv auf die matte Seite des Aufbügelpapiers durchpausen. Einfacher geht es, wenn man auf einem Leuchtpult arbeitet oder Papier und Vorlage gegen ein Fenster hält.

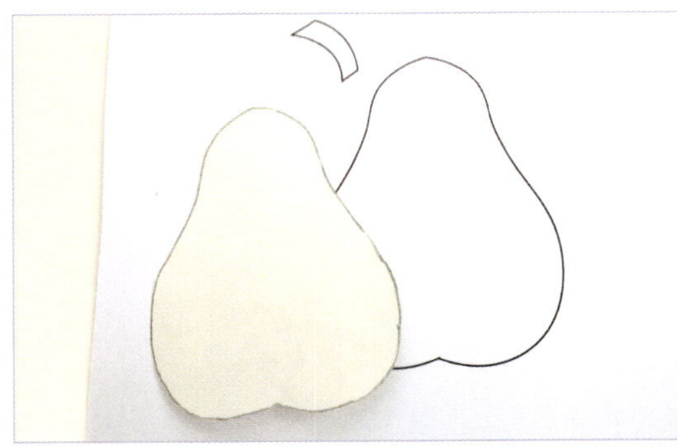

2 Das Motiv ohne Nahtzugabe ausschneiden.

3 Das Papiermotiv mit der glänzenden Seite nach unten auf die Rückseite des Applikationsstoffs bügeln. Die Dampffunktion abschalten und das Bügeleisen nur kurz aufsetzen.

4 Nun den Stoff zuschneiden. Dabei rings um das Papiermotiv eine Nahtzugabe von ca. 1,5 cm zugeben.

5 Die Nahtzugabe über die Papierkante falten und umbügeln. An Ecken und Rundungen die Nahtzugabe bis dicht an die Motivkontur – aber nicht darüber hinaus – einschneiden, damit sich der Stoff besser in Form bringen lässt.

6 Die Nahtzugabe ringsherum umbügeln. Geübte benötigen das Papier nicht unbedingt als Nähhilfe und können es jetzt entfernen. Nähanfänger sollten es am Stoff lassen, wie in der Abbildung gezeigt.

7 An der Nähmaschine den Blindsaumstich einstellen. Garn in der Farbe des Applikationsstoffs einfädeln. Die Stichbreite so wählen, dass nur wenige Fäden am Rand des Motivs mitgefasst werden. Die Maschine näht abwechselnd einige Geradstiche direkt an der Motivkontur in den Untergrundstoff und dann einen Zickzackstich in den Applikationsstoff. Vor dem Aufnähen unbedingt Schritt 8 durchlesen!

8 Das Motiv auf den Untergrund legen. Beide Stoffe zeigen mit der rechten Seite nach oben. Das Motiv aufnähen, aber ein 2,5 cm langes Stück offen lassen. Durch diese Öffnung das Papier mit einer Pinzette herausziehen, dann die Naht vollständig schließen. Bei größeren Motiven ist es praktischer, einen kleinen Schlitz in die Rückseite des Untergrundstoffs zu schneiden, durch den das Papier langsam und vorsichtig herausgezogen wird. Danach den Schlitz von Hand zunähen.

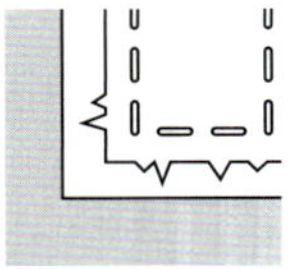

UNVERSÄUBERTE KANTEN

Bei dieser schnellen, einfachen Applikationstechnik können die Kanten mancher Stoffe ausfransen, aber das ist manchmal als lässiger oder witziger Effekt ja durchaus erwünscht. Die Motivteile werden mit einer normalen Schere oder einer Zackenschere ausgeschnitten und dann aufgenäht, ohne die Kanten einzuschlagen. Wer die Technik anwenden will, aber keine ausgefransten Kanten mag, verwendet Filz, Fleece oder einen anderen nicht ausfransenden Stoff.

Der richtige Fuß

Für den Blindsaumstich mit der Maschine sollte man einen speziellen Blindsaumfuß verwenden. Sein Abstandhalter wird exakt an der Motivkontur entlanggeführt und sorgt dafür, dass der Zickzackstich weit genug auf das Motiv greift. Bei Nähmaschinen mit Blindsaumstich ist der entsprechende Fuß meist im Zubehör enthalten. Alternativ kann man ihn separat nachkaufen.

APPLIZIEREN MIT UNVERSÄUBERTEN KANTEN

Bei dieser Methode werden die Stoffteile knapp innerhalb der Schnittkante aufgenäht, so dass die Motivkanten von allein ausfransen. Der Abstand zwischen Naht und Stoffkante kann nach Belieben variiert werden.

MATERIAL

- Stoffe
- Garne
- Stecknadeln
- Nähmaschine (optional)
- Zackenschere (optional)

Wo ist das Motiv?
Rosa Pilze auf Seite 66

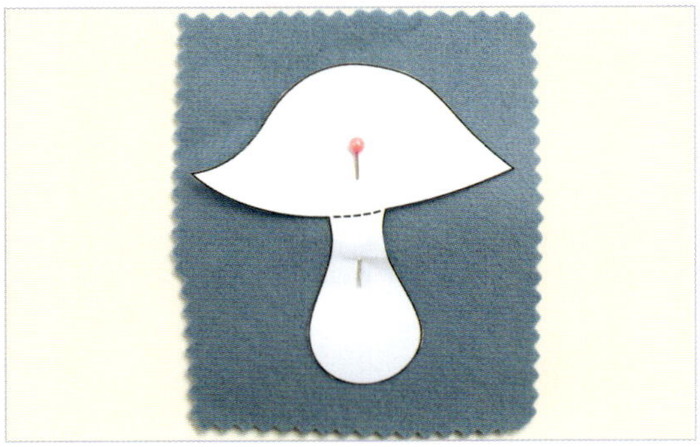

1 Die Schablone auf den Applikationsstoff stecken. Das einfache Pilzmotiv (Seite 66) wird hier der Einfachheit halber in einem Stück zugeschnitten.

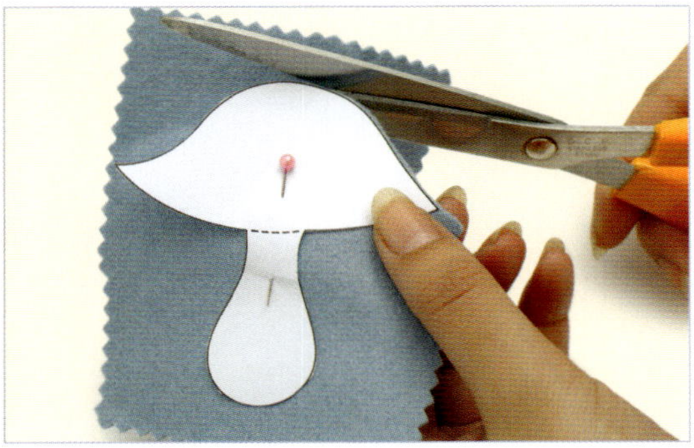

2 Das Motiv ohne Nahtzugabe zuschneiden. Wer möchte, kann dafür auch eine Zackenschere benutzen.

Tipp

Wenn der Stoff nicht ausfransen soll, müssen die zugeschnittenen Motivteile vorbehandelt werden. Man kann eine leichte Einlage auf die Rückseite bügeln oder die Stoffkanten mit einem Kantenfixierer bestreichen. Alternativ näht man die Motivteile nicht mit Geradstichen auf, sondern mit Plattstich (von Hand) oder engem Zickzackstich (mit der Maschine).

WEITERE MOTIVE MIT UNVERSÄUBERTEN KANTEN

9 HIPPIE-CHIC
Seite 59

13 HERZ IM HERZEN
Seite 61

29 HERBSTBLUMEN
Seite 70

37 SPORTLER
Seite 76

60 GROSSER SCHMETTERLING
Seite 90

75 EICHHÖRNCHEN
Seite 98

3 Das Motiv auf dem Untergrundstoff feststecken. Dabei auf reichlich Abstand zwischen Stecknadeln und Motivkanten achten.

4 Das Motiv mit Geradstichen von Hand oder mit der Maschine knapp innerhalb der Schnittkanten aufnähen. Je nach Stoffbeschaffenheit franst der Applikationsstoff dann beim Waschen bis zur Naht hin aus.

UNTERLEGTE MOTIVE

Bei dieser interessanten Technik wird das Motiv nicht aufgesetzt, sondern aus dem Untergrundstoff ausgeschnitten, so dass ein darunterliegender Stoff sichtbar wird. Wer möchte, kann sogar mehrere Stoffe zusammennähen und dann unter einen Motivausschnitt legen. Diese Technik kann für sich allein verwendet oder mit anderen Applikationsmethoden kombiniert werden.

AUSSCHNEIDEN UND UNTERLEGEN

Bei dieser Technik wird der Motivstoff nicht auf den Untergrund gesetzt, sondern dahinter. Das Beispiel zeigt die Verarbeitung einer Stofflage, man kann aber auch diese nochmals einschneiden und einen weiteren Stoff unterlegen.

MATERIAL

- Applikationsstoff
- Untergrundstoff
- Stecknadeln
- Marker Bleistift
- Schere
- Garn
- Textilkleber

Wo ist das Motiv?
Strahlender Stern auf Seite 56

1 Der Applikationsstoff wird unter den Hintergrundstoff gelegt, er sollte also deutlich größer als das Motiv zugeschnitten werden.

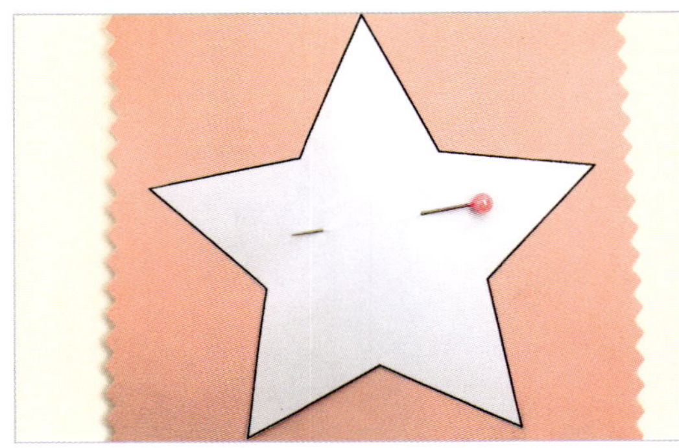

2 Die Motivschablone auf den Hintergrundstoff legen und feststecken.

3 Die Kontur mit einem auswaschbaren Stift auf den Hintergrundstoff zeichnen und das Motiv akkurat ausschneiden.

4 Auf der Rückseite des Hintergrundstoffs entlang der Schnittkante etwas Textilkleber auftupfen. Den Applikationsstoff unter den Ausschnitt legen. Beide Stoffe zeigen mit der rechten Stoffseite nach oben.

5 Nun eine Reihe (Zier-)Stiche entlang der Motivkontur nähen, um die Stofflagen miteinander zu verbinden. Näheres zu Zierstichen im Kasten unten auf dieser Seite.

Tipp

Die Wahl des Stichs hängt vom gewünschten Effekt und vom Stoff ab. Bei nicht ausfransenden Hintergrundstoffen kann ein auffälliger Zierstich hübsch aussehen. Wenn der Stoff leicht ausfranst, ist der Plattstich (Seite 43) oder ein feiner Zickzackstich, der über die Kante greift, empfehlenswert.

WEITERE UNTERLEGTE MOTIVE

74 ELEFANTENBABY
Seite 98

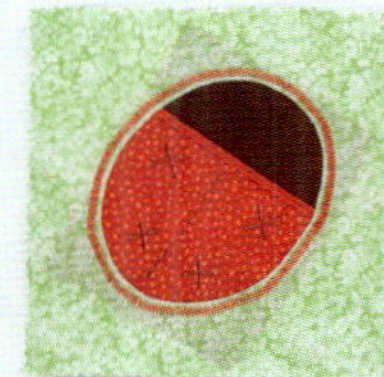

61 MARIENKÄFER
Seite 91

27 SEEROSEN IM WINTER
Seite 69

6 Auffällige Zierstiche wie diese Sternenreihe müssen sehr akkurat um die Motivkonturen genäht werden. Der Ansatz zwischen Nahtanfang und -ende sollte möglichst unauffällig ausfallen.

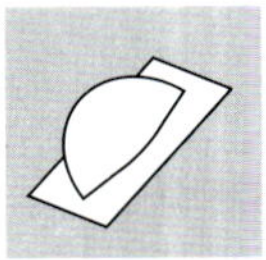

PLASTISCHE MOTIVE

Applizierte Motive sehen viel reizvoller aus, wenn man sie ganz oder teilweise plastisch ausgestaltet. Zur dreidimensionalen Formgebung gibt es verschiedene Methoden. Die Motive auf dieser Doppelseite werden mit Füllvlies oder Füllwatte »aufgepolstert«. Weitere Techniken werden auf den nächsten Seiten erklärt.

GEDOPPELTES MOTIV ▼

Hier werden zuerst zwei Teile aus Applikationsstoff zusammengenäht und ausgestopft, ehe man sie auf den Hintergrund setzt. Das Verfahren wird auf Seite 35 genau gezeigt.

MOTIV MIT VLIESEINLAGE ▲

Bei dieser Methode wird zwischen Hintergrundstoff und Applikationsstoff ein Füllvlies gelegt, wie man es zum Quilten verwendet. Die Motivteile aus Vlies etwas kleiner als aus dem Applikationsstoff zuschneiden, auf den Hintergrund kleben und darüber den Applikationsstoff aufnähen. Bei diesem Beispiel (siehe auch Seite 82) sind nur Kimono und Gürtel wattiert. Alternativ kann man auch den gesamten Hintergrundstoff mit Wattiervlies unterlegen, bevor die Motivteile aufgenäht werden.

Tipp

Dreidimensionale Applikationen niemals bügeln, sonst geht der Effekt verloren. Fältchen lassen sich meist mit heißem Dampf ohne Druck entfernen.

AUSGESTOPFTES MOTIV ▶

Ein ganz einfaches Verfahren, um Motiven Fülle zu geben. Beim Aufnähen bleibt ein kleines Stück der Kontur vorerst offen. Durch die Öffnung etwas Füllwatte unter das Motiv schieben, dann die Naht ganz schließen. Dieses Motiv ist auf Seite 89 zu finden.

TECHNIK FÜR GEDOPPELTE MOTIVE

Auf diese Weise lassen sich ausgewählte Motivteile sehr gut plastisch ausformen. Einfach das Motivteil doppelt zuschneiden, ringsherum zusammennähen und ausstopfen. Erst dann wird es auf den Hintergrundstoff gesetzt.

1 Das Motivteil, das plastisch geformt werden soll, doppelt und mit 1 cm Nahtzugabe zuschneiden.

2 Beide Teile links auf links knappkantig zusammennähen. Eine kleine Öffnung lassen, die Form mit Füllwatte ausstopfen. Bei kleinen Teilen die Watte mit einem Bleistift nachstopfen.

3 Die Öffnung in der Naht schließen.

MATERIAL

- Applikationsstoff
- Schere
- Nähmaschine
- Füllwatte
- Nadel und Garn

Wo ist das Motiv?
Spiegelei auf Seite 114

WEITERE PLASTISCHE MOTIVE

17 HIBISKUSBLÜTE
Seite 64

98 TEEKANNE
Seite 112

4 Das ausgestopfte Teil auf den Hintergrund legen und von links durch den Hintergrundstoff festnähen. Nur die untere Motivlage mitfassen, damit es plastisch bleibt und die Stiche nicht zu sehen sind.

5 Umdrehen und prüfen, ob das Motiv fest sitzt.

FALTTECHNIK

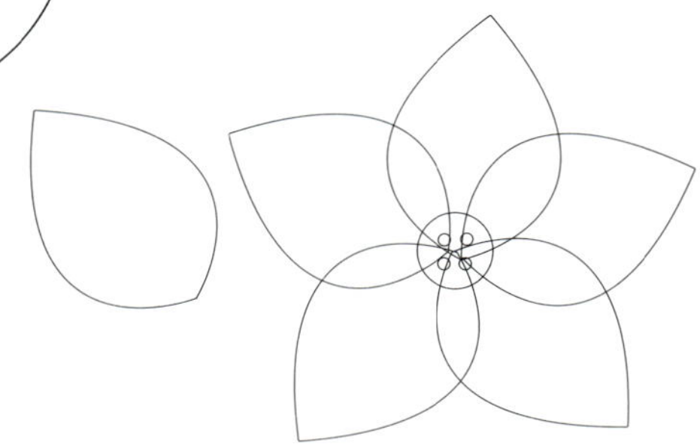

Wo ist das Motiv?
Häschen
auf Seite 97
Hibiskusblüte
auf Seite 64

Wenn man Motivteile vor dem Applizieren faltet, stehen sie von allein plastisch vom Hintergrund ab. Je fester und steifer der Stoff ist, desto besser ist die Wirkung. Diese Technik eignet sich ausgezeichnet, um Reste von dicken Kleider- oder Dekostoffen zu verwerten, die normalerweise für Applikationen zu steif wären. Weil beim Falten die Stoffrückseite sichtbar wird, kann man auch zwei Stoffe zusammennähen oder -kleben. Dadurch werden dünnere Baumwollstoffe versteift, was oft wünschenswert ist.

Für die Hasenohren bietet sich diese Technik an. Sie sind gerade so groß, dass man sie bemerkt, aber sie wirken in der ansonsten flächigen Applikation nicht zu auffällig. Hier wurden als zusätzlicher Hingucker Wackelaugen aufgeklebt. Auf der Seite gegenüber wird das Vorgehen ganz genau erklärt.

Blätter lassen sich ganz leicht plastisch applizieren. Einfach die Blattform aus dem Applikationsstoff ausschneiden, zur Hälfte falten und den Mittelkniff scharf einbügeln. Dann das Blatt auf den Hintergrundstoff legen und genau im Mittelkniff aufnähen.

Tipp

Für die Falttechnik eignen sich steife Stoffe und Filz am besten. Wer dünneren Stoff verarbeiten will, sollte Einlage aufbügeln, um ihn zu versteifen.

Tipp

Ebenso wie Blätter kann man auch Blütenblätter vor dem Aufnähen falten, zum Beispiel den *Krokus* auf Seite 70.

GEFALTETE MOTIVE APPLIZIEREN

Gefaltete Details können einer schlichten Applikation das gewisse Etwas geben. Hier wird die Vorgehensweise an den Hasenohren erklärt. Sie lässt sich aber leicht auf andere Formen übertragen.

MATERIAL

- Applikationsstoff
- Schere
- Bügeleisen
- Haftvlies
- Nähmaschine
- Nähnadel und Garn

Wo ist das Motiv?
Häschen auf Seite 97

1 Alle Motivteile, die gefaltet werden sollen, doppelt zuschneiden. In diesem Fall werden vier Ohren benötigt, je zwei für jede Kopfseite.

2 Auf zwei Ohren Haftvlies bügeln. Das Papier abziehen und die beiden anderen Ohren aufbügeln, um zwei doppelseitige Ohren zu erhalten.

3 Die Kanten der gedoppelten Teile mit der Maschine im Zickzackstich versäubern.

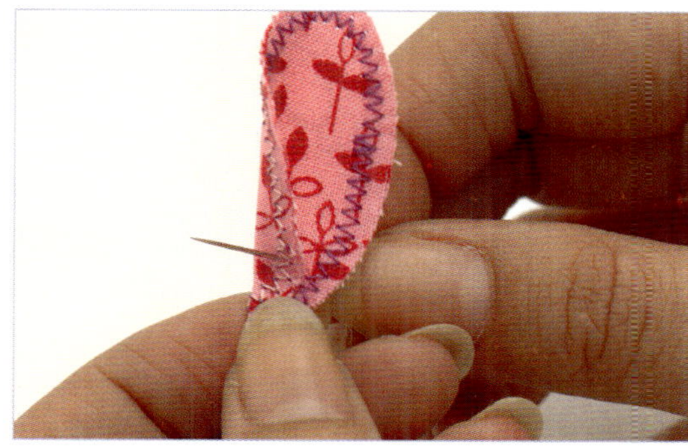

4 Die Unterkante um ein Drittel der Breite umfalten. Blätter und Blütenblätter können bis zur Hälfte gefaltet werden. Die doppelt liegenden Kanten von Hand zusammennähen. Jetzt kann das Ohr ins Motiv eingefügt werden.

5 Hier werden die Ohren hinter den Kopf geschoben und mitgefasst, wenn dieser aufgesteppt wird. Je nach Art des Motivs sind auch andere Befestigungsmethoden denkbar.

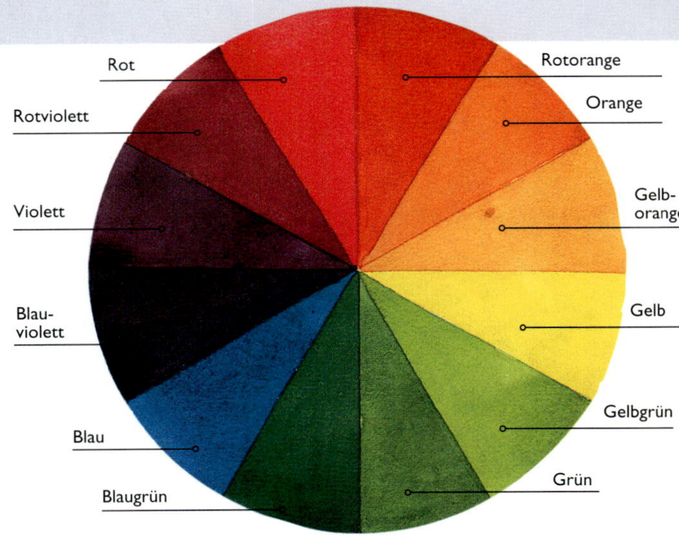

FARBE UND KOMPOSITION

Wer Motive applizieren will, braucht meist nicht einkaufen zu gehen. Meist genügt ein Blick in die Restekiste. Soll ein Motiv auf ein Kleidungsstück appliziert werden, gilt es, einen farblich passenden Stoffrest zu finden. Für ein Geschenk für ein Baby bieten sich beispielsweise Pastellfarben an. Bei der Wahl der Farben ist es wichtig, klare Vorstellungen vom fertigen Ergebnis zu haben. Wenn am Ende die Farbzusammenstellung nicht gut aussieht, war ja die ganze Arbeit umsonst!

FARBEN AUSSUCHEN

Beim Stöbern in der Restekiste gilt es zuerst, Farben zu suchen, die sich für das geplante Vorhaben eignen könnten. Auch die Strukturen spielen eine Rolle für die Wirkung des Stoffs und des Gesamtmotivs.

Dann muss entschieden werden, ob alle Farben einen ähnlichen Tonwert haben sollen (z. B. durchweg Pastellfarben) oder ob eine Mischung aus hellen, mittleren und dunklen Tönen besser aussehen könnte.

FARBEN KOMBINIEREN

Das Farbempfinden ist etwas Subjektives. Weil bei Geschenken die endgültige Kombination auch dem Empfänger gefallen soll, lohnt es sich, ein bisschen zu experimentieren. Dabei bemerkt man schnell, dass sich die Wirkung eines Motivs erheblich verändern kann, wenn man die Farben verändert. Aber wie kommt man zu einer Entscheidung?

Zuerst werden die Stoffe ungefähr so angeordnet, wie sie im Motiv erscheinen. Fällt ein Stoff besonders ins Auge, ist er vielleicht zu hell oder zu dunkel. In dem Fall kann man ihn austauschen oder ihm als Gegengewicht eine Komplementärfarbe zur Seite stellen (siehe Farbkreis, oben rechts). Komplementärfarben erzeugen durch ihren Kontrast Spannung und wirken als Blickfang. Kontrast muss aber mit Bedacht eingesetzt werden, damit er die Wahrnehmung des Motivs oder die Ausgewogenheit der Farben nicht stört.

Tipp

Baumärkte, in denen man sich Farben mischen lassen kann, bieten oft Musterkärtchen zum Mitnehmen an, auf denen viele Farbtöne abgebildet sind. Eine prima Anregung – nicht nur für die nächste Wohnungsrenovierung.

DER FARBKREIS

Am Farbkreis mit den Primär- und Sekundärfarben lassen sich Begriffe wie »harmonische Farben« und »Komplementärfarben« gut erklären. Braun- und Grautöne sowie Schwarz und Weiß werden nur in komplizierteren Farbmodellen berücksichtigt. Der einfache Farbkreis ist aber bei der Wahl von Farben für Applikationen als Hilfsmittel völlig ausreichend.

Harmonische Farben

Rot, Rotviolett und Violett harmonieren miteinander, weil sie auf dem Farbkreis nebeneinanderliegen. Generell vertragen sich Farben gut, die in direkter Nachbarschaft zueinander liegen. Das gilt auch für Kombinationen wie Grün, Lindgrün, Gelb und Orange oder Grün, Blaugrün, Blau und Violett.

Komplementärfarben

Orange und Blau stehen sich auf dem Farbkreis gegenüber und bilden einen starken, lebhaften Kontrast. Das gilt ebenso für die Paare Rot und Grün oder Gelb und Violett. Auch die Tonwerte spielen für die Wirkung eine Rolle. Je ähnlicher sie sind, desto leuchtender ist die Farbwirkung, etwa wie bei einem Pop-Art-Gemälde.

Harmonische Farben mit Pfiff

Orange, Rotviolett, Rot und Hellrosa bilden eine harmonische Kombination. Fügt man Blau hinzu, entsteht ein Kontrast, der dem ganzen Motiv mehr Charakter und Lebendigkeit gibt.

Tonwerte

Formen lassen sich auch durch Hell-Dunkel-Kontraste gut betonen. Die dunklen Haare des Mädchens (links) heben sich von dem cremefarbenen Untergrundstoff gut ab. Sanfter ist die Wirkung, wenn die Tonwerte weniger stark voneinander abweichen, wie bei dem Engelmotiv links unten.

EINE KOMPOSITION AUFBAUEN

Sicherheit im Aufbauen von Kompositionen gewinnt man durch Übung und Experimentieren. Am besten schiebt man die Applikationsstoffe auf dem Hintergrund herum. Zuerst das Motiv in die Mitte setzen, dann ausprobieren, ob es außerhalb der Mitte vielleicht besser aussieht. Man bekommt schnell einen Blick dafür, wann das Motiv ausgewogen ist und ansprechend wirkt.

Der Blickfang

Einteilige Applikationen wirken oft am besten, wenn sie mittig auf ihrem Hintergrund plaziert werden. Natürlich kann man davon auch abweichen und den Blick von der Mitte weglenken. Unkonventionell plazierte Motive wirken oft originell und überraschend. Denkbar wäre beispielsweise, eine kleine Dekoration außerhalb der Mitte anzubringen (siehe *Häschen*) oder das ganze Motiv zu drehen, um durch die Schrägstellung Bewegung anzudeuten (siehe *Biene*).

Wiederholung

Motivwiederholungen wirken immer auffällig, ob sie nun unregelmäßig (siehe *Blumen aus Bändern*) oder eher streng angeordnet sind (siehe *Tulpen*). Durch Spiegelung lassen sich größere Motive mit grafischer Wirkung erzeugen (siehe Kreise bei *Hippie-Chic*).

Ausgewogenheit

Wirkt eine Motivfläche groß und leer, kann dort ein zusätzliches Element eingefügt werden, um Ausgewogenheit zu schaffen. Beispiele sind der *Apfel* und die auf den Buchumschlag aufgesetzte Borte. Manchmal ist Sparsamkeit aber ratsam, damit das Motiv genug Platz hat, um für sich selbst zu wirken, wie beim *Kaktus*-Motiv.

GEMUSTERTE STOFFE

Bei der Verwendung von unruhigen Mustern ist Vorsicht geboten. Einfache Muster wie Streifen, Punkte, Miniblümchen oder »verschwommene« Muster lassen sich leichter verarbeiten als detailreiche Dessins.

Wird in einem Motiv nur ein gemusterter Stoff verwendet, erhält er automatisch Blickfangwirkung und muss mit besonderem Bedacht ausgesucht werden. Je mehr Muster man verwendet, desto unruhiger wird die Gesamtwirkung. Wenn man Muster bewusst einsetzt und geschickt in die Gesamtkomposition einfügt, kann aber nicht viel schiefgehen.

Kombiniert man einen einfarbigen und einen gemusterten Stoff, tritt vor allem bei einteiligen Motiven wie diesen Blättern die Form besonders deutlich hervor.

Wer mehrere gemusterte Stoffe verarbeiten will, ist gut beraten, ein »Thema« zu wählen, etwa Punkte wie beim *Eis am Stiel* (oben links). Eine Alternative ist die Verwendung von Mustern in ähnlichen Tonwerten, wie die verschiedenen Rosatöne in dem Blumenmotiv (oben rechts).

Musterbereiche auswählen

Manchmal liefert ein kleiner Ausschnitt aus einem großflächigen Muster genau den richtigen Farbeffekt. Dieses Blatt in zwei Grüntönen kann allein wegen seiner Farben verwendet werden. Schneidet man nur ein kleines Stück davon aus, ist es als Blatt gar nicht mehr zu erkennen.

Maschinenstiche sehen sauber aus und sind haltbar – ideal für Projekte, die in der Maschine gewaschen werden sollen.

Die Stiche beim Applizieren erfüllen einen praktischen Zweck: Sie verbinden die Stofflagen sicher miteinander. Sie können aber zusätzlich Zierwert besitzen und einem Motiv Charakter, Stil und den Charme des Handgemachten verleihen. Es ist nicht immer leicht zu entscheiden, ob Hand- oder Maschinenstiche die bessere Wahl sind. Die folgenden Seiten geben einige Anhaltspunkte.

Handstiche sind lockerer, wirken aber besonders persönlich und spontan. Genau richtig für Verzierungen und kleine Details.

DEKORATIVE STICHE VON HAND UND MIT DER MASCHINE

Nach dem Aufnähen kann eine Applikation noch mit Zierstichen dekoriert werden. Auf den folgenden Seiten werden verschiedene Stiche zum Sticken mit der Hand oder der Maschine vorgestellt, darunter Zickzackstich, Langettenstich, Plattstich, Knötchenstich, Vor- und Rückstich. Manche Zierstiche sind eher schlicht, andere recht auffällig. Oft ergibt sich die Wahl des passenden Stichs aus dem Applikationsmotiv.

VORSTICH

Wer keine Nähmaschine hat, kann seine Applikationen auch mit der Hand verzieren. Manchmal ist der »Handarbeits-Effekt« auch erwünscht. Der Vorstich geht auch Ungeübten leicht von der Hand.

Vorstich kann als Nutz- oder Zierstich eingesetzt werden. Er eignet sich auch zum Festnähen feiner Stoffe. Er ist unkompliziert, einfach und haltbar. Im hier abgebildeten Motiv (siehe Seite 57) betont er die schwungvollen Konturen.

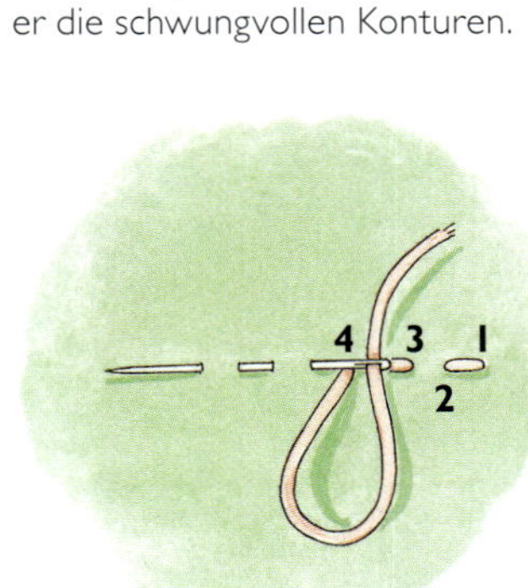

Einfacher Vorstich

In Reihen von rechts nach links arbeiten. Die Nadel bei **1** aufwärts stechen, bei **2** abwärts, bei **3** aufwärts und bei **4** abwärts. Fortlaufend wiederholen.

Der umschlungene Vorstich betont die Kontur der *Schildkröte*.
Die Vorlage ist auf Seite 102 zu finden.

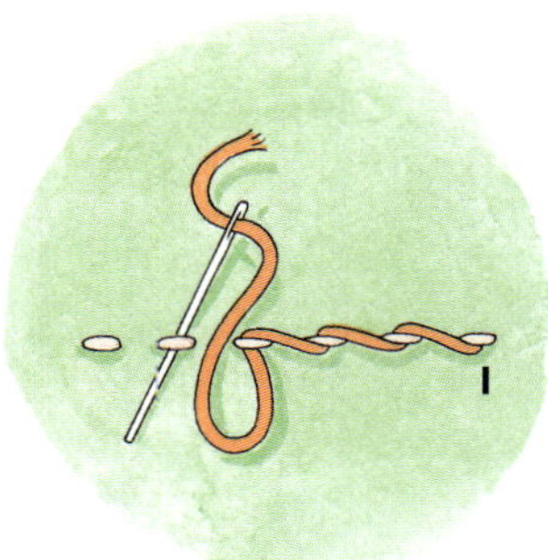

Umschlungener Vorstich

Zuerst eine Reihe im Vorstich arbeiten. Kontrastfarbiges Garn in eine Nadel ohne Spitze einfädeln und bei **I** aufwärts stechen. Die Nadel nun von unten nach oben unter jedem Stich durchschieben, ohne den Stoff zu durchstechen. In der Mitte des letzten Stichs zur Stoffrückseite stechen.

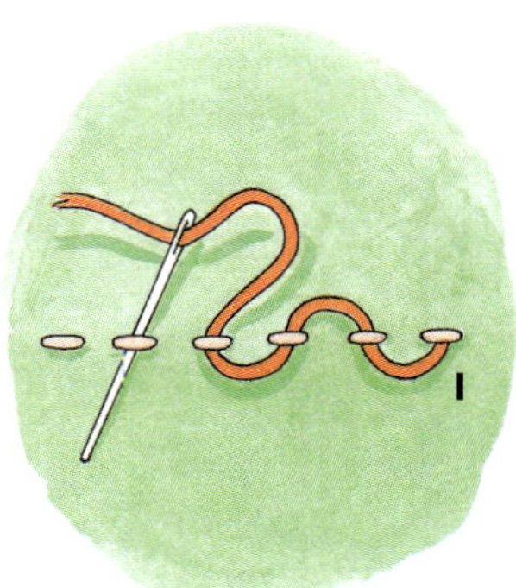

Durchzugtechnik

Zuerst eine Reihe im Vorstich arbeiten. Kontrastfarbiges Garn in eine Nadel ohne Spitze einfädeln und bei **I** aufwärts stechen. Die Nadel nun unter jedem Stich durchschieben – abwechselnd von oben nach unten und von unten nach oben. Dabei den Stoff nicht durchstechen. In der Mitte des letzten Stichs zur Stoffrückseite stechen.

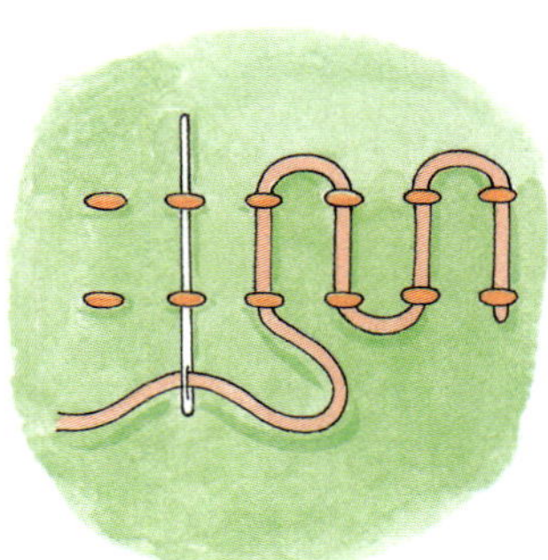

Durchzugtechnik über mehrere Reihen

2 oder 3 Reihen im Vorstich arbeiten. Dabei müssen die Stiche exakt übereinander liegen. Kontrastfarbiges Garn einfädeln und die Nadel jeweils unter parallelen Stichgruppen abwechselnd auf- und abwärts durchschieben.

Man kann parallele Linien dieser Stichvarianten auch parallel oder versetzt anordnen, um verschiedene Oberflächenmuster zu erhalten.

WEITERE MOTIVE MIT VORSTICH

37 SPORTLER
Seite 76

40 MIT SCHLIPS UND KRAGEN
Seite 78

82 PFOTENABDRUCK
Seite 103

Tipp

Der Vorstich lässt sich gut mit dem Rückstich kombinieren. Dieser ist fast genauso einfach. Mit kontrastfarbigem Garn heben sich die Stiche gut ab. Wer es dezenter mag, nimmt ein Garn in der Farbe des Stoffs.

ZICKZACKSTICH

Dieser schlichte Maschinenstich wird eingesetzt, um Motive auf einen Untergrund zu applizieren oder um Stoffkanten zu versäubern. Er kann auch als Zierstich verwendet werden.

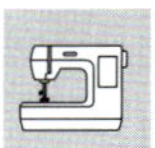

Bei den meisten Nähmaschinen lassen sich Stichlänge und Stichbreite einstellen, so dass sich viele Variationsmöglichkeiten ergeben. Je dicker der Stoff, desto größer sollte die Sticheinstellung sein. Der Stich näht sich zügig und eignet sich auch zum Applizieren kleiner Teile oder komplizierter Konturen. Weite Zickzackstiche wirken recht dezent, fallen also bei kleinen Motivelementen angenehm wenig ins Auge.

WEITERE MOTIVE MIT ZICKZACKSTICH

17 HIBISKUSBLÜTE

Seite 64

18 GÄNSEBLÜMCHEN

Seite 64

27 SEEROSEN IM WINTER

Seite 69

Tipp

Auf Textilien, die oft gewaschen werden, müssen Applikationen gut befestigt sein. Dafür eignen sich Maschinenstiche am besten. Außerdem geht das Applizieren mit der Maschine viel schneller als von Hand.

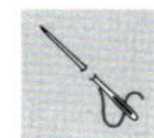

Wer eine Nähmaschine mit Zickzack-Einstellung hat, findet es vielleicht etwas mühsam, diesen Stich von Hand zu arbeiten. Es lohnt sich aber, ein wenig Zeit und Geduld aufzubringen, denn handgestickte Zickzackstiche sehen besonders reizvoll aus. Die Grundtechnik wird auf der Zeichnung unten dargestellt.

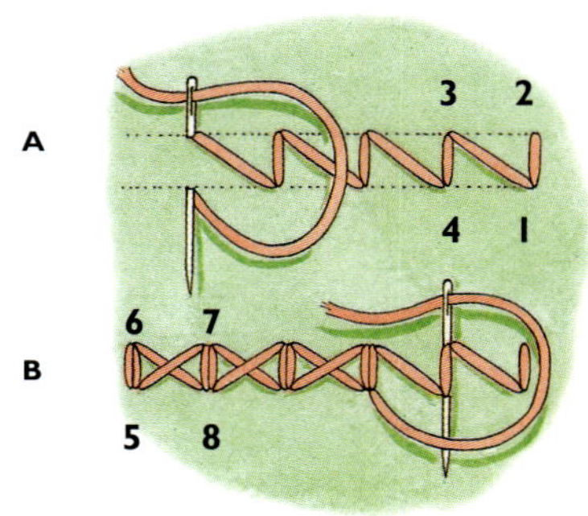

Einfacher Zickzackstich

Es wird in Hin- und Rückreihen gearbeitet.

A: Die Hinreihe von rechts nach links sticken. Bei **1** aufwärts stechen, bei **2** abwärts, bei **1** wieder aufwärts, bei **3** abwärts und bei **4** aufwärts. Für den nächsten Rapport die Nadel bei **3** einstechen. Links mit einem senkrechten Stich enden.

B: Die Rückreihe von links nach rechts sticken. Die Nadel bei **5** aufwärts stechen, bei **6** abwärts, bei **5** wieder aufwärts, bei **7** abwärts und bei **8** aufwärts. Fortlaufend wiederholen. Dabei entstehen doppelte Senkrechtstiche und gekreuzte Schrägstiche.

PLATTSTICH

Zickzackstich und Plattstich sind die beiden beliebtesten Stiche für Applikationen. Der Zickzackstich betont die Konturen, der Plattstich lenkt eher von ihnen ab und führt den Blick auf die Motivflächen und Stoffmuster.

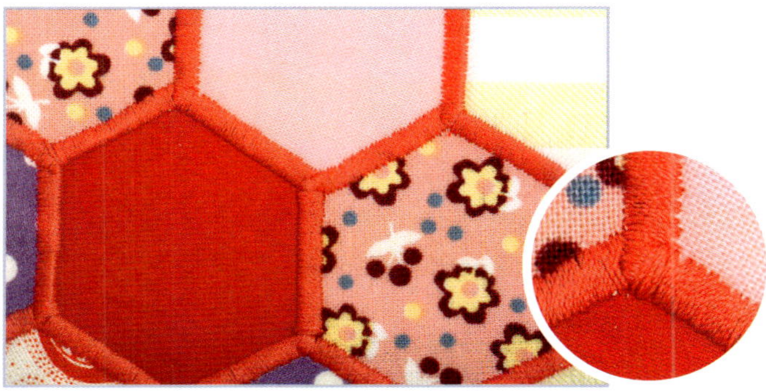

Mit der Maschine fällt dieser hübsche Stich enger aus als mit der Hand. Er ist besonders haltbar und lässt sich maschinell viel schneller nähen als von Hand. Die breiten Konturen betonen die Formen der Motivelemente, eignen sich aber nicht so gut für sehr kleinteilige Motive.

PLATTSTICH MIT DER NÄHMASCHINE

- Die Stichlänge nur wenig größer als Null einstellen, die Stichbreite nach Belieben wählen. Wenn das Garn Knötchen bildet, die Stichlänge allmählich vergrößern, bis ein glattes Band aus Stichen entsteht. Sind einzelne Zickzackstiche zu sehen, muss die Stichlänge verringert werden.

- Beim Applizieren sollten die Stiche über die Kanten der Motivteile greifen und ein kleines bisschen auf den Hintergrundstoff ragen.

- Das Aussehen des Plattstichs steht und fällt mit der richtigen Fadenspannung. Die Fadenspannung ist optimal, wenn der Oberfaden zur Rückseite durchgezogen wird und der Unterfaden auf der Oberseite nicht zu sehen ist.

- Wer einen Applikationsfuß hat, sollte ihn einsetzen. Dünner Stoff sollte versteift werden, damit er sich nicht verzieht und damit die Stiche gleichmäßig ausfallen.

- Nicht an einer Ecke beginnen, sondern in der Mitte einer Kontur. So gelingen unauffällige Ansätze und Übergänge leichter.

Dieses Beispiel zeigt, wie der Zickzackstich bei verschiedenen Stichlängeneinstellungen aussieht. Es ist sinnvoll, mit den Einstellungen der Nähmaschine zu experimentieren, um herauszufinden, welche Effekte möglich sind.

Der von Hand gestickte Plattstich ergibt eine glatte Oberfläche und eignet sich zum Ausfüllen kleiner Flächer und zum Sticken kleiner Motivelemente, etwa Blüten, Blätter oder Gesichtszüge. Am besten arbeitet es sich mit edel glänzendem Baumwoll- oder Seidensticktwist, der zwei- oder dreifädig verarbeitet wird.

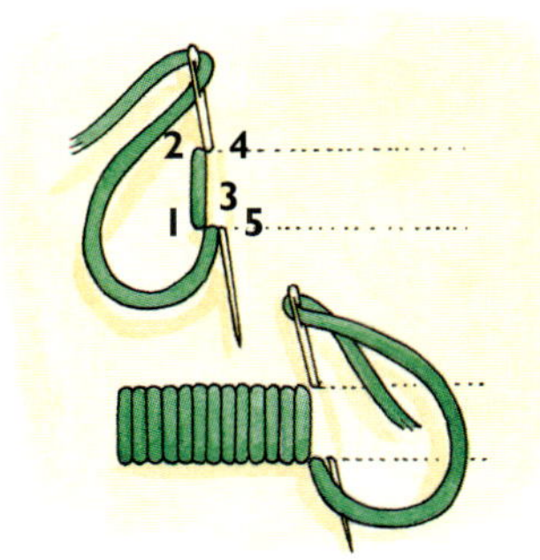

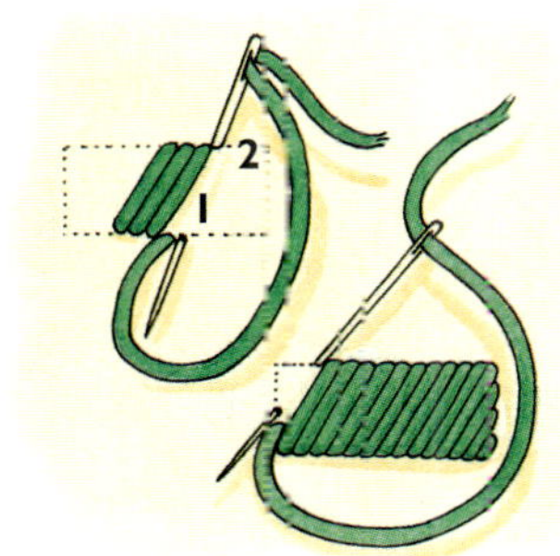

Gerader Plattstich

Von links nach rechts arbeiten. Die Nadel bei **1** aufwärts stechen, bei **2** abwärts, bei **3** aufwärts, bei **4** abwärts und bei **5** aufwärts. Fortlaufend wiederholen. Die Stiche müssen so dicht nebeneinanderliegen, dass dazwischen kein Stoff durchschimmert.

Schräger Plattstich

Die Schrägstellung des Stiches sollte der Motivform angepasst sein, denn allzu lange Stiche halten die Form schlecht. In verschiedenen Motivbereichen können die Stiche auch in unterschiedlichen Richtungen gestickt werden. Begonnen wird in der Mitte der Form. Die Nadel bei **1** aufwärts und bei **2** wieder abwärts stechen. Dieser erste Stich legt die Schrägstellung für alle weiteren fest. Parallele Stiche von der Mitte nach rechts sticken. Dann wieder in der Mitte beginnen und parallele Stiche nach links arbeiten.

RÜCKSTICH

Der Rückstich ist dezent, aber haltbar. Wie der Vorstich eignet er sich gut, um Konturen zu betonen.

Der gerade Steppstich der Nähmaschine entspricht dem von Hand gearbeiteten Rückstich. Hand- und Maschinenversion sehen sich sehr ähnlich. Stellt man auf der Maschine den Geradstich ein, ergibt sich eine lückenlose Reihe aus geraden Stichen. Der Stich ist schnell genäht und sehr praktisch. Er eignet sich besonders gut zum zarten Betonen von Konturen, wie im Beispiel oben (Vorlage auf Seite 87).

Weil Nähmaschinen sich von Typ zu Typ unterscheiden, sollte man sich in der Bedienungsanleitung über die Einstellungen und Symbole informieren. Nadelgröße und Stichlänge müssen auf die Stoffqualität abgestimmt sein. Die folgende Tabelle gibt einige Anhaltspunkte:

Stoff	Stichlänge	Nadelstärke
Dünne Baumwolle, Baumwollmischgewebe, Seide	kurz: ca. 4 Stiche pro Zentimeter	70–80
Mittelfestes Leinen, leichter Denim, feste Baumwolle	lang: 2,5–3 Stiche pro Zentimeter	80–90

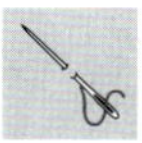

Einfacher Rückstich empfiehlt sich zum Betonen von Konturen. Die Motivvorlage ist auf Seite 105 zu finden.

Der von Hand gestickte Rückstich ist loser als der Maschinenstich, sieht aber ebenso sauber und diskret aus. Wer den Rückstich sicher beherrscht, kann auch die gegenüber gezeigten Verzierungsvarianten ausprobieren.

Tipp

Wer Mühe mit dem Einfädeln hat, sollte das Öhr (nicht den Faden) anfeuchten. Dann gleitet der Faden leichter hindurch. Das funktioniert auch bei Maschinennadeln. Man sieht das Öhr leichter, wenn man es über ein Stück weißes Papier hält.

Den umschlungenen Rückstich kann man auch mehrfarbig arbeiten. Dieses Motiv ist auf Seite 85 zu finden.

WEITERE MOTIVE MIT RÜCKSTICH

37 SPORTLER
Seite 76

57 BITTE LÄCHELN!
Seite 89

75 EICHHÖRNCHEN
Seite 98

A
B

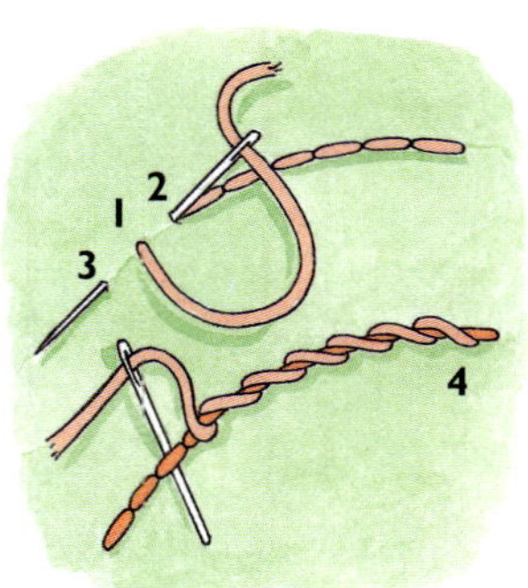

C
D

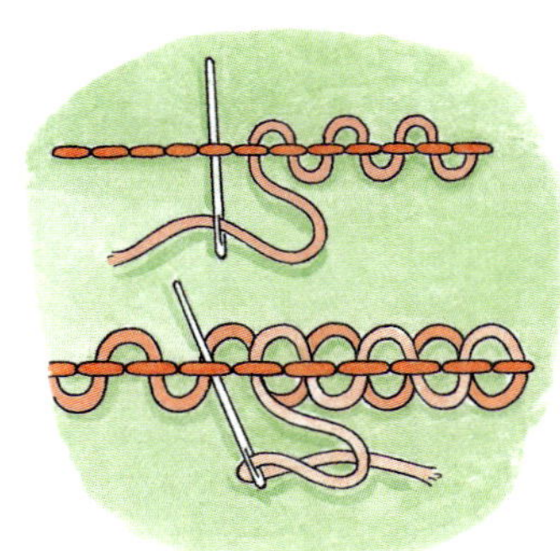

Einfacher Rückstich

A: Die Nadel bei **1** aufwärts stechen, bei **2** abwärts und bei **3** wieder aufwärts. Der Abstand zwischen **1** und **2** sollte ebenso groß sein wie der zwischen **2** und **3**. Fortlaufend wiederholen und auf gleichmäßige Stichlängen achten.

Umschlungener Rückstich

B: Eine Sticknadel ohne Spitze mit kontrastfarbigem Garn bei **4** aufwärts stechen. Die Nadel unter jedem Stich von oben nach unten durchschieben, aber nicht den Stoff durchstechen. Erst in der Mitte des letzten Rückstichs die Nadel zur Rückseite durchstechen.

Durchzugtechnik

C: Dieser Stich wird ähnlich wie der umschlungene Rückstich gearbeitet, allerdings wird die Nadel mit dem kontrastfarbigen Garn abwechselnd von oben und von unten unter den Rückstichen durchgeschoben (siehe obere Zeichnung).

Doppelter Durchzug

D: Auf die gleiche Weise kann – gegenläufig zu den ersten Durchzügen – ein Garn in einer dritten Farbe eingefügt werden (siehe untere Zeichnung). Achtung, nicht die ersten Durchzugschlaufen durchstechen.

LANGETTENSTICH

Der Langettenstich hat einen wunderbaren Handarbeitscharakter, selbst wenn er flink mit der Maschine genäht wird. Wer den Plattstich steif oder langweilig findet, sollte unbedingt diesen Stich lernen!

Länge und Breite des Langettenstichs richten sich nach dem Stoff und dem Motiv. Kleine Stiche verhindern das Ausfransen und lassen sich an kleinen Teilen oder komplizierten Konturen besser sticken. Zu großen Applikationsteilen passen andererseits lange, breite Stiche besser, bei denen die Stoffränder nur wenig abgedeckt werden.

Von Hand ist der Langettenstich leicht zu sticken, nur auf gleichmäßige Stichlängen und -abstände muss man achten. Der traditionelle Stich ist wegen seiner sympathisch bodenständigen Ausstrahlung für Applikationen sehr beliebt.

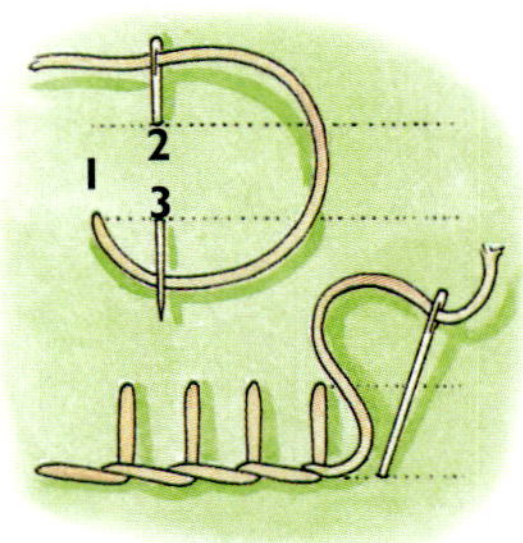

Einfacher Langettenstich

Es wird von links nach rechts gearbeitet. An der Unterkante bildet sich die kordelartige Querlinie. Die Nadel bei **1** aufwärts und bei **2** abwärts stechen. Bei **3** wieder aufwärts stechen, dabei liegt der Faden unter der Nadelspitze. Durchziehen. Die Stiche gleichmäßig fest anziehen, damit die kordelartige Unterkante sauber ausfällt. Nach rechts fortlaufend wiederholen. Die letzte Schlaufe mit einem kleinen Stich in die Stoffunterkante fixieren.

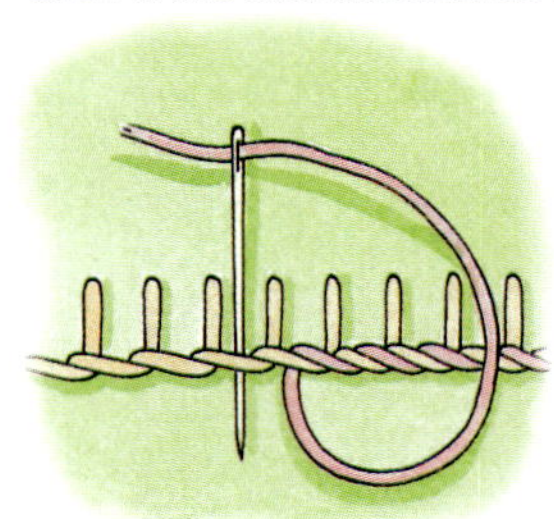

Umschlungener Langettenstich

Langettenstich lässt sich leicht mit kontrastfarbigem Garn und einer Sticknadel ohne Spitze verzieren. Rechts beginnen und die Nadel von oben nach unten unter jedem Stich durchschieben. Dabei nicht durch den Stoff stechen.

KNÖTCHENSTICH

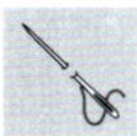

Der beliebte Knötchenstich wird normalerweise mit der Hand gestickt. Um den Knoten zu erzeugen, wird das Garn um die Nadel gewickelt (siehe Zeichnung unten). Einzelne Knötchen eignen sich für Motivdetails wie dekorative Punkte, ein Auge oder eine Nase. Stickt man die Knötchen dicht an dicht, kann man mit ihnen auch eine Fläche ausfüllen.

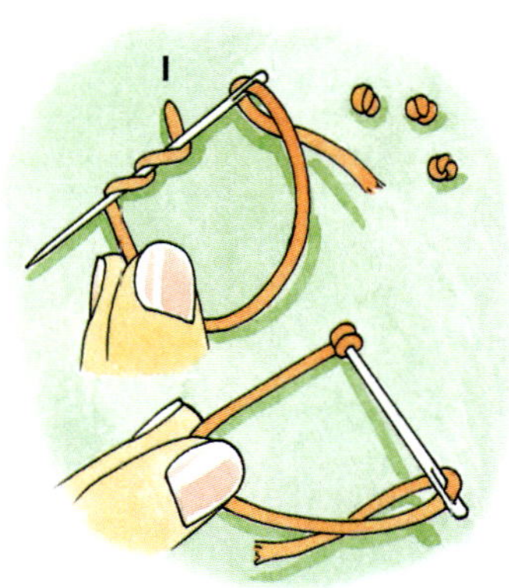

Tipp
Für größere Knötchen dickeres Garn verwenden. Den Faden höchstens zweimal wickeln!

Einfacher Knötchenstich

Die Arbeitsrichtung ist beliebig.
Die Nadel bei **I** aufwärts stechen. Den Faden mit Finger und Daumen der linken Hand straff halten und zweimal (nicht öfter) recht fest um die Nadelspitze wickeln.
Das Garn weiterhin festhalten und die Nadel ganz dicht neben Punkt **I** wieder abwärts stechen. Die Wicklungen bleiben auf der Stoffoberfläche liegen und bilden das Knötchen. Nach Belieben wiederholen.

WEITERE MASCHINEN-ZIERSTICHE

Jeder Nähmaschinentyp bietet andere Zierstiche. Selbst preiswerte Modelle verfügen über einige dekorative Stiche, die sich gut für Applikationen eignen. Es lohnt sich, mit den verschiedenen Stichen auf Stoffresten zu experimentieren, um die Variationsmöglichkeiten kennenzulernen. Auch verschiedene Garne bieten sich zum Experimentieren an, denn mit kontrastfarbigem Garn wirken viele Stiche völlig anders als mit farblich abgestimmten. Wer häufiger appliziert, kann sich die besten Einstellungen notieren – zum Beispiel in einem Büchlein, dass griffbereit bei den Nähutensilien aufbewahrt wird. Anleitungen für hübsche Buchhüllen sind auf Seite 118 zu finden.

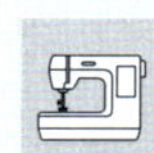

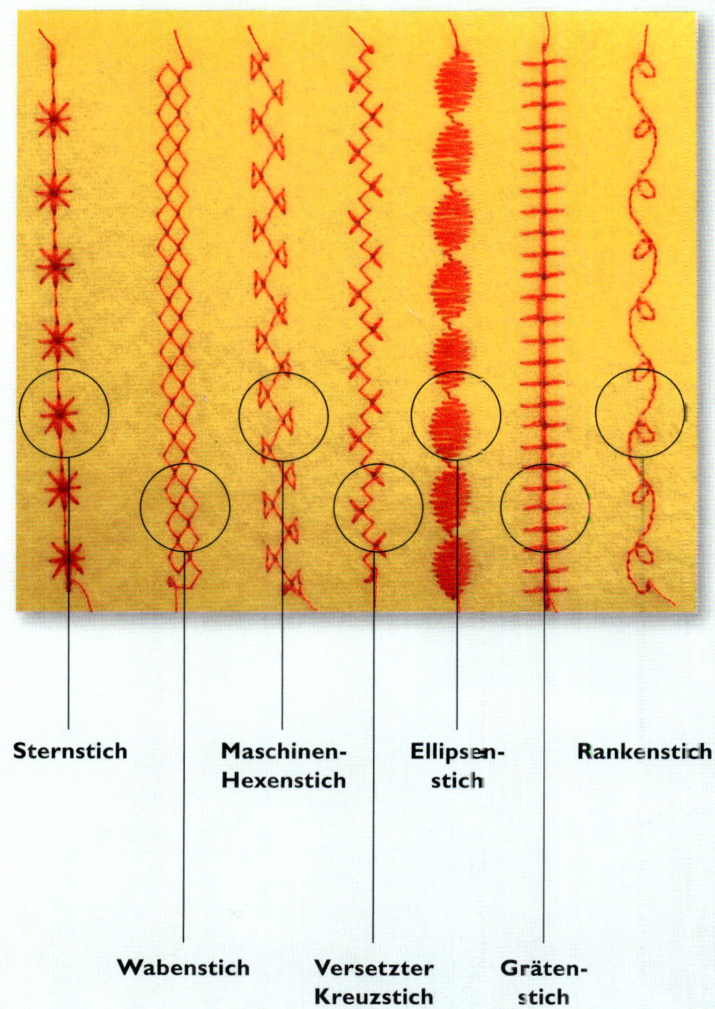

VERZIERUNGEN

Perlen, Pailletten, Glitzersteine zum Aufkleben, Wackelaugen, Bänder und Borten bieten sich an, um Applikationen noch individueller zu gestalten. Spielerisches Experimentieren ist erlaubt, und der Phantasie sind keine Grenzen gesetzt.

MATERIAL

- Knopf oder Knöpfe nach Wahl
- Nähnadel und Garn oder Dekorkleber

KNÖPFE

Knöpfe gibt es in hunderten, wenn nicht gar tausenden von Varianten. Manche haben zwei Löcher, andere vier, und wieder andere eine Öse auf der Rückseite. In Farbe und Form ist die Bandbreite schier grenzenlos. Auch Motivknöpfe sind erhältlich, etwa die Blattformen, die beim *Ahorn* (Seite 69) zu sehen sind. Knöpfe können als reine Verzierung verwendet werden, wie bei der *Discokugel* (Seite 55). Sie können ein rundes Motivelement darstellen, etwa ein Blütenzentrum oder das Auge eines Tiers (siehe *Phantasietier*, Seite 88). Motivknöpfe sollten natürlich entsprechend ihrer Form verwendet werden.

Manchmal genügen eine oder zwei kleine Verzierungen vollkommen, in anderen Fällen darf man aus dem Vollen schöpfen, wie bei dieser Knopf-Erdbeere (Vorlage auf Seite 108). Hier sorgt gerade die Fülle der Knöpfe für das »saftige« Aussehen.

Knöpfe als Dekoration

Man kann Knöpfe ankleben. Wenn das fertige Projekt aber stärker strapaziert oder häufiger gewaschen werden soll, ist es besser, sie mit einigen Stichen festzunähen.

Aufkleben

Beim Kauf von Klebstoff lohnt sich ein Blick aufs Etikett: Das Produkt sollte nach dem Trocknen transparent sein. Es sieht nicht gut aus, wenn weißer Kleber durch die Löcher des Knopfes schimmert.

Aufnähen

Wesentlich besser halten Knöpfe, wenn man sie an der Applikation oder dem Hintergrundstoff festnäht. Einige Stiche genügen. Man spürt, wenn der Knopf fest genug sitzt.

Tipp

Es ist hilfreich, Verzierungen vor dem endgültigen Befestigen auszulegen und verschiedene Anordnungen auszuprobieren. Auch Verwendung und Pflege des Projekts sollten bei der Auswahl von Dekorationen berücksichtigt werden.

PAILLETTEN UND MINI-PERLEN

Pailletten geben jedem Projekt im Nu etwas Glamour. Einfache, runde Pailletten sind in vielen Unifarben zu haben. Man kann sie lose kaufen, aber auch als Borte oder Paillettenstoff. Außerdem gibt es Metallic-, Hologramm- und Perlglanz-Pailletten sowie ungewöhnlichere Formen wie Herzen, Blüten, Muscheln, Engel und andere. Runde Pailletten haben in der Mitte ein Loch zum Festnähen, anders geformte Typen können auch mehr Löcher haben. Pailletten kann man auf verschiedene Weise anbringen, sogar mit der Nähmaschine. Hier wird die einfachste Methode vorgestellt, die sich für die Applikation gut eignet.

MATERIAL

- Pailletten nach Wahl
- Kleine Perlen, kontrastfarbig oder farblich abgestimmt
- Nähnadel und Garn

Pailletten aufnähen

Man kann Pailletten einfach mit einem Stich durch das Mittelloch aufnähen. Ordentlicher und interessanter sieht es aber aus, wenn man eine kleine Perle als »Stopper« verwendet.

1 Die Pailletten auf eine ebene Fläche streuen, um die Wölbung besser erkennen zu können. Beim Annähen zeigt die Wölbung nach oben.

Hier deuten die locker verteilten Pailletten Streusel auf einer Eiskugel an. Im Licht funkeln sie fröhlich und lassen das Motiv lebendig wirken. Das Aufnähen funktioniert ganz einfach. Die Vorlage für das Motiv ist auf Seite 112 zu finden.

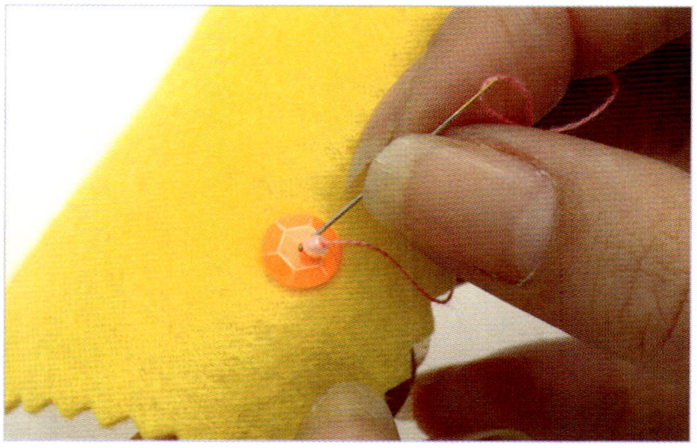

2 In eine Nähnadel Garn im Farbton der Paillette einfädeln. Das Fadenende verknoten. Von links durch Stoff und Paillette stechen. Dann eine kleine Perle aufziehen und wieder zurück durch Paillette und Stoff stechen.

3 Weitere Pailletten ebenso annähen, dazwischen immer etwas Platz lassen. Zum Schluss den Faden auf der Rückseite verknoten. Das Aufnähen der Pailletten kostet etwas Zeit, doch das Ergebnis lohnt die Mühe.

STOFFBLUMEN

Stoffblumen kann man selbst machen (siehe Seite 36), aber im Fachhandel findet man auch eine gute Auswahl fertiger Blümchen. Meist bestehen sie aus zarten Stoffen wie Organza oder Satin, auch mehrschichtige oder mit Perlen verzierte Versionen sind zu haben. Die Blumen können mit Textilkleber befestigt oder, wenn sie sicher halten sollen, mit der Hand aufgenäht werden.

Für dieses kleine Fräulein hier wurde eine fertig gekaufte Stoffblume als Haarschmuck verwendet (Vorlage auf Seite 78). Solche Blumen kann man aufkleben. Blüten, die ke ne Perle in der Mitte haben, lassen sich auch im Handumdrehen – wie eine Paillette – mit einer Mini-Perle aufnähen (siehe Seite 49).

BANDENDEN ZUSCHNEIDEN

Die Längskanten von Bändern fransen nicht aus, wohl aber die Enden. Man kann sie umschlagen und mit Klebstoff befestigen oder dekorativ abschneiden.

Die Bandenden mit einer scharfen Schere abschneiden und eventuell mit etwas Kantenfixierer bestreichen. Es gibt verschiedene Möglichkeiten, die Bänder abzuschneiden, beispielsweise wie in der Abbildung unten.

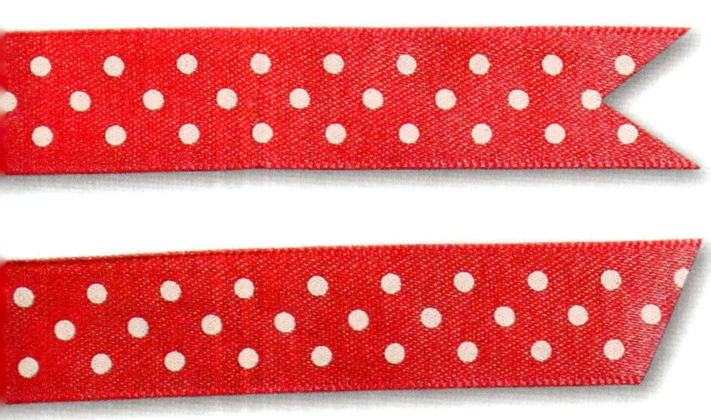

SCHLEIFEN

Schleifen aus hübschen Bändern sind eine niedliche Dekoration für viele Applikationsmotive. Man kann das Band einfach zur Schleife binden, aber diese flachen, gefalteten Schleifen sind besonders hübsch.

Für eine solche Schleife werden drei Stücke Band benötigt – in diesem Fall betragen die Längen 15 cm, 13 cm und 2,5 cm. Das längste Stück wie einen Ring biegen, die Enden leicht überlappen lassen. Dann den Ring flach drücken und die überlappenden Enden mit einem Tupfen Klebstoff in der unteren Mitte befestigen. Das zweite lange Bandstück ebenso vorbereiten und auf das erste legen. Dann das kurze Stück um die Mitte der beiden anderen legen und die Enden unten zusammenkleben.

TIPPS UND TRICKS

1 FEINABSTIMMUNG
Vor dem Applizieren das vorgesehene Garn in die Maschine einfädeln und aus Resten von Hintergrund- und Applikationsstoffen ein Probestück mit dem geplanten Stich nähen. Dabei kann man Fadenspannung, Stichlänge und -breite optimal eingestellen.

2 FINGERSPITZENGEFÜHL
Beim Nähen mit der Maschine den Stoff behutsam mit den Fingerspitzen führen. Nicht schieben oder ziehen, sonst wird er unregelmäßig transportiert und die Stiche fallen ungleichmäßig aus.

3 NOTIZEN MACHEN
Ein kleines Heft ist praktisch, um Notizen über bevorzugte Stiche und Einstellungen festzuhalten. Man kann auch Stoffmuster einkleben und dazuschreiben, um welches Material es sich handelt, wo der Stoff gekauft wurde und was daraus entstand. Ist der Stoff stark eingelaufen? Neigt er zum Ausfransen? Solche Notizen sind wertvoll für künftige Projekte.

4 RUNDUNGEN NÄHEN
An Rundungen das Nähtempo verlangsamen und den Stoff mit den Händen führen. Manchmal muss man anhalten und den Stoff drehen. Dazu die Nadel in den Stoff einstechen, das Nähfüßchen anheben und den Stoff in die gewünschte Position drehen.

5 ECKEN NÄHEN
Bis zum Eckpunkt nähen und anhalten. Die Nadel in den Stoff einstechen, den Nähfuß anheben und den Stoff um die eingestochene Nadel drehen. Den Fuß senken und in der neuen Richtung weiternähen.

6 FESTER HALT
Bei Kleidung und anderen Textilien, die strapaziert werden, müssen die Kanten von Motiven gut befestigt sein. Wichtig ist auch, dass der Hintergrundstoff stabil genug für die Applikation ist. Schwere Perlen sind als Dekoration für sehr dünne Stoffe ungünstig, weil sich der Stoff durch das Gewicht verziehen kann.

7 IDEEN SAMMELN
Ideen fallen nicht vom Himmel, sie brauchen Zeit, um sich zu entwickeln. Dabei hilft es, mit neuen Materialien zu experimentieren und Techniken auszuprobieren, ohne sich zu viele Sorgen über Erfolg oder Misserfolg zu machen.

8 ÜBEN, ÜBEN, ÜBEN
Sicherheit kann man nur gewinnen, wenn man viel übt und Erfahrungen sammelt. Mit jeder Applikation wird man ein bisschen besser.

9 GROSSZÜGIG ZUSCHNEIDEN
Der Hintergrundstoff sollte möglichst größer zugeschnitten werden, als es für das fertige Projekt nötig ist. Er kann sich durch die Applikation verziehen, und man kann überschüssigen Stoff später noch abschneiden.

10 GESAMTKUNSTWERK
Bei der Auswahl von Farben und Mustern sollte man das geplante Gesamtergebnis im Kopf behalten. Eine winzige, kleinteilige Applikation kann in einem unruhigen Projekt untergehen, während sie auf einem schlichten Hintergrund gut zur Geltung kommt.

KAPITEL DREI

Auf den folgenden Seiten werden über 100 Applikationsmotive vorgestellt, zum einfacheren Nachschlagen sind sie in fünf thematische Gruppen gegliedert. Hier kann man nach Herzenslust stöbern und dann in der Restekiste auf die Suche nach geeigneten Stoffen gehen. Wer lieber einen schnellen Überblick haben möchte, findet alle Motive auch auf den Seiten 8 bis 11.

MUSTER UND MOTIVE

MOTIVE 1–14

BUNTE GEOMETRIE

Quadrate, Kreise, Dreiecke, Ellipsen, Sterne – solche einfachen Formen eignen sich sehr gut für Applikationsmotive. Die folgenden Seiten zeigen einfache, fröhlich bunte Applikationen, mit denen sich allerlei schöne Dinge verzieren lassen: Buchhüllen, Accessoires, Bilder und noch viel mehr.

1 DISCOKUGEL MIT KNÖPFEN

Stoffe mit Punkten und Streifen, dazu sieben Knöpfe ähnlicher Größe aus dem Vorrat: Hier geht es richtig kunterbunt zu!

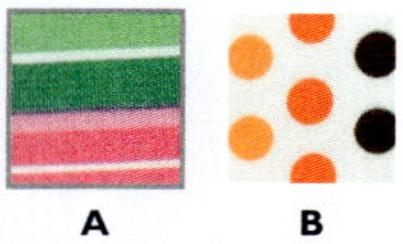

A Einen großen Kreis zuschneiden
B Einen kleinen Kreis zuschneiden

TECHNIK

Maschine Aufgebügelt

Seite 26

Den großen Kreis mit Plattstich applizieren, den inneren mit Zickzackstich.

Zusätzliche Materialien

Sieben Knöpfe werden von Hand rings um den kleinen, inneren Kreis aufgenäht.

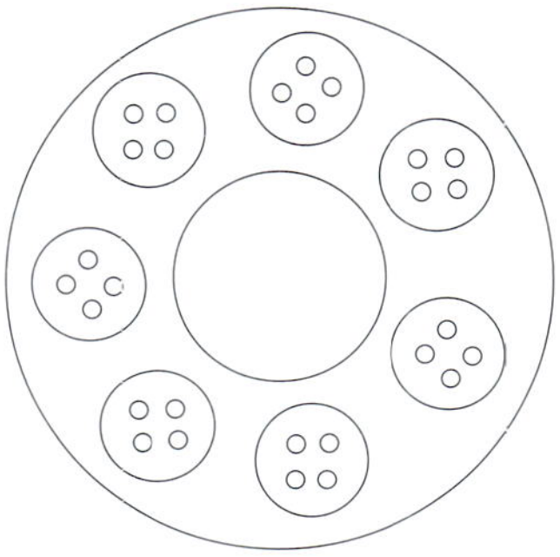

2 KIRCHENFENSTER

Das Motiv mit dem Kreis und der Raute in der Mitte erinnert an ein altes Kirchenfenster. Es ist einfacher zu arbeiten, als es vielleicht aussieht.

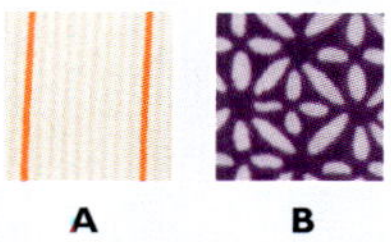

A Ein Quadrat als Motivhintergrund zuschneiden
B Vier symmetrische Blattformen zuschneiden

TECHNIK

Maschine Aufgebügelt

Seite 26

Die vier Blattformen auf Stoff A legen. Kreisförmig anordnen, dann feststeppen.

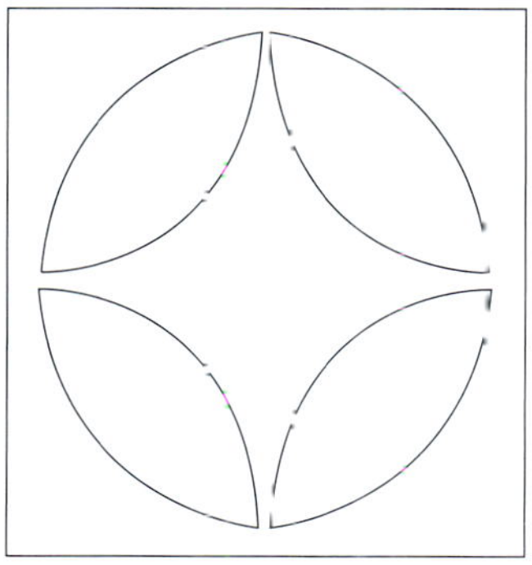

3 STRAHLENDER STERN

Das Motiv passt buchstäblich auf jedes Projekt und gefällt fast jedem. Los geht's!

A

A Ein Stoffquadrat zuschneiden, das die ganze Sternform gut abdeckt

TECHNIK

Maschine Unterlegt

Seite 32

Zum Aufnähen empfiehlt sich ein hübscher Zierstich, z. B. kleine Sternchen. Auch ein Kreuzstich oder ein einfacher Vorstich kann schön aussehen.

Tipp

Weitere Maschinenzierstiche auf Seite 40–47.

4 HERZ UND BLUME

Ein zierliches Motiv aus Kreisen und Bögen mit einem Herzen in der Mitte. Die einfachen Stiche in fein abgestimmten Farben sehen elegant aus.

A B C

A Ein Herz zuschneiden
B Einen Kreis zuschneiden
C Eine Blume zuschneiden

TECHNIK

Maschine Aufgebügelt

Seite 26

Die zugeschnittenen Stoffe in der Reihenfolge aufeinanderlegen, wie die Zahlen in der Vorlage rechts angeben. Alle aufbügeln, dann die Kanten von Herz und Blüte mit Langettenstich umsticken. Der Kreis wird der Abwechslung halber mit Plattstich befestigt.

5 SECHSECK-BLUME

Die sechseckigen Elemente dieses Motivs besitzen den altmodischen Charme von klassischem Patchwork. Hier wurden sie zu einer Blütenform arrangiert.

A B C D E

- A Ein Sechseck zuschneiden
- B Ein Sechseck zuschneiden
- C Ein Sechseck zuschneiden
- D Zwei Sechsecke zuschneiden
- E Zwei Sechsecke zuschneiden

TECHNIK

Maschine

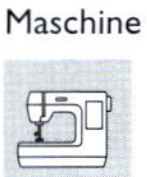

Aufgebügelt

Seite 26

Die Kanten aller Sechsecke mit Plattstich aufnähen.

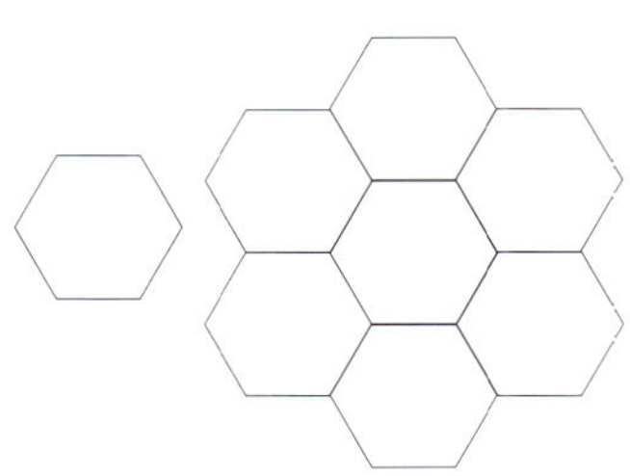

Tipp

Stoffreste, die beim Zuschneiden anfallen, nicht wegwerfen. Selbst kleine Stücke kann man für spätere Projekte gebrauchen.

6 SCHMETTERLING

Das geometrische Muster aus Herzen und Ovalen erinnert an einen Schmetterling, der aus seinem Kokon schlüpft. Kontrastfarbige Stickerei betont die Konturen.

A B C

- A Ein Oval und zwei kleine Herzen zuschneiden
- B Zwei Ovale und zwei mittlere Herzen zuschneiden
- C Zwei große Herzen zuschneiden

TECHNIK

Von Hand

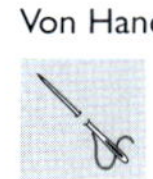

Aufgebügelt

Seite 26

Die Konturen mit Vorstich und Rückstich aufnähen und dekorativ betonen.

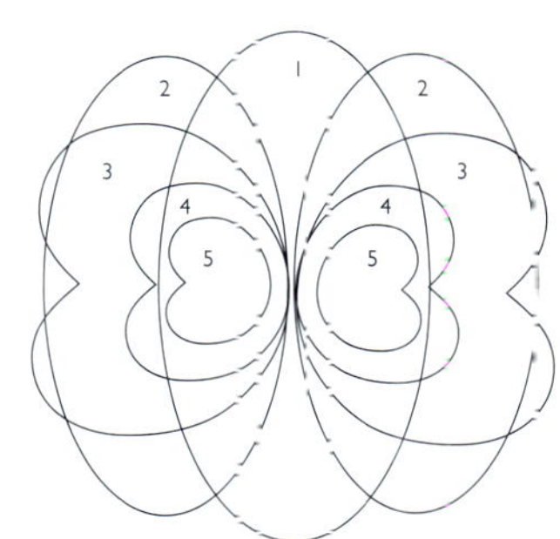

7 FRANSIGE RECHTECKE

Die ausgefransten Ränder geben diesen Rechtecken ihr weiches, lässiges Aussehen. Dafür sind Stoffe notwendig, die leicht ausfransen, z.B. Baumwolle, Leinen oder Viskose. Sie werden unversäubert aufgenäht.

A B C

- **A Ein großes Rechteck zuschneiden**
- **B Ein mittleres Rechteck zuschneiden**
- **C Ein kleines Rechteck zuschneiden**

TECHNIK

Maschine Unversäubert

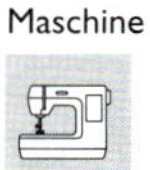

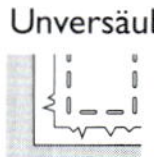

Seite 30

Die Stoffe erst nach dem Aufnähen ausfransen. Zuerst festlegen, wie lang die Fransen sein sollen – so weit müssen die Stiche von der Stoffkante entfernt sein. Nach dem Aufsteppen die Fäden mit einer Nadel herauszupfen. Nach der Wäsche sehen die Fransen schöner aus.

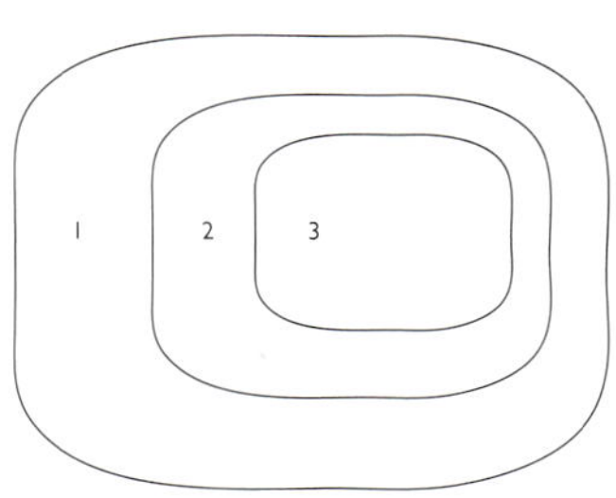

8 DREIFACH-DREIECK

Eine einfache, geometrische Form – das Dreieck – wird in drei Größen zugeschnitten und überlappend appliziert. Ganz einfach, und auch in Kontrastfarben sehr effektvoll.

A B C

- **A Ein kleines Dreieck zuschneiden**
- **B Ein mittleres Dreieck zuschneiden**
- **C Ein großes Dreieck zuschneiden**

TECHNIK

Von Hand Unversäubert

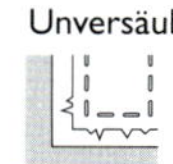

Seite 30

Die Dreiecke feststecken und dicht neben den Stoffkanten mit kleinen Vorstichen aufnähen.

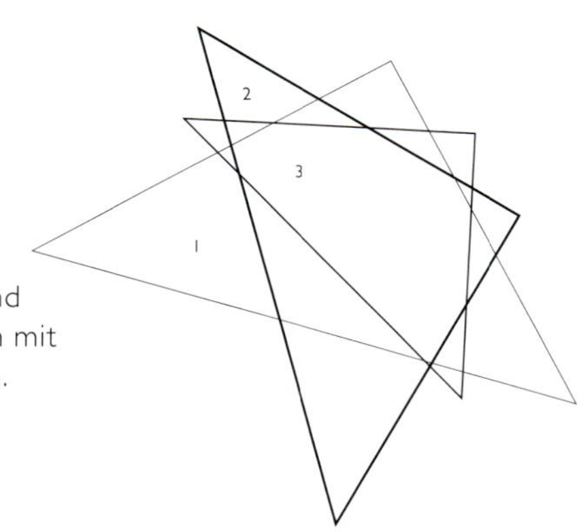

9 HIPPIE-CHIC

Ein Motiv im Stil der Siebziger Jahre aus übereinander angeordneten Filzkreisen. Dafür bieten sich Retro-Farben wie Orange, Brauntöne, Creme und Grün an.

A B C D

- A Vier große Kreise und einen kleinen Kreis zuschneiden
- B Vier mittelgroße Kreise zuschneiden
- C Vier mittlere Kreise zuschneiden
- D Vier kleine Kreise zuschneiden

TECHNIK

Maschine Unversäubert

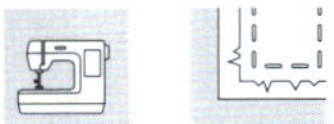

Seite 30

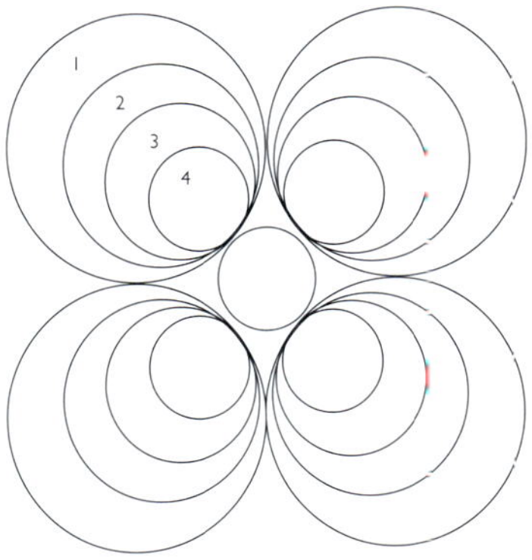

Den kleinsten Kreis auf den mittleren stecken und mit Geradstich festnähen. Diese beiden auf den nächstgrößeren stecken und festnähen. Alle drei auf den großen Kreis nähen. Vier solcher »Stapel« vorbereiten. Alle Kreise auf den Hintergrundstoff legen, den einzelnen, kleinen Kreis in die Mitte. Festnähen.

10 GLÜCKSWÜRFEL

Anstelle der Fünf darf es auch die persönliche Glückszahl sein. Zuerst wird das Quadrat appliziert, dann werden die Punkte aufgeklebt – am besten in Kontrastfarben.

A B

- A Ein Quadrat zuschneiden
- B Die gewünschte Zahl von Punkten zuschneiden

TECHNIK

Maschine Unversäubert

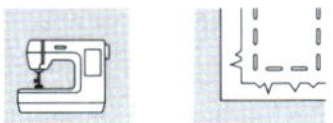

Seite 30

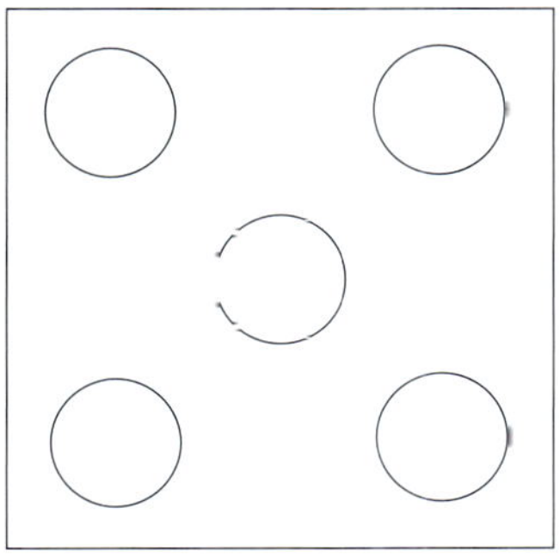

Stoff A auf den Hintergrundstoff stecken und mit Plattstich aufsteppen. Die Punkte aufkleben, auf gleichmäßige Anordnung achten.

Tipp

Der Kleber verhindert, dass die Kanten kleiner Motivelemente ausfransen. Sicherheitshalber Stoff verwenden, der wenig franst, oder die Ränder mit Kantenfixierer bestreichen.

11 LOST IN SPACE

Hier purzeln Kugeln aus dem Rahmen. Oder umkreisen sie – wie Planeten in einem Sonnensystem – den größeren, helleren Kreis?

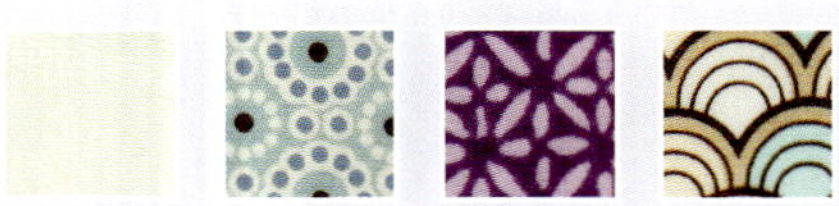

A **B** **C** **D**

A Ein Stück Stoff zuschneiden, das den großen Kreis gut abdeckt

B Zwei kleine Kreise zuschneiden

C Einen kleinen Kreis zuschneiden

D Einen kleinen Kreis zuschneiden

TECHNIK

Maschine Unterlegt Aufgebügelt

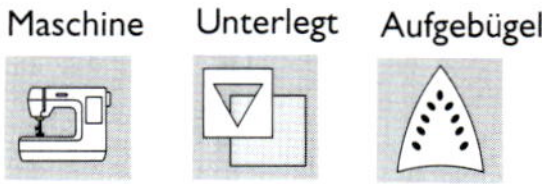

Seite 32 Seite 26

Den großen Kreis mit Stoff A unterlegen, die kleinen Kreise aufbügeln. Wachstuch und Vinylstoffe sehr vorsichtig bügeln. Alle Kreise mit Zierstichen umrahmen.

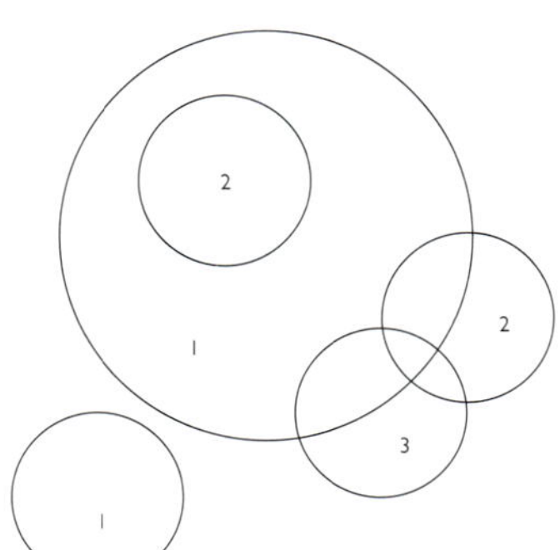

Tipp
Weitere Maschinenzierstiche auf Seite 40–47.

12 LIEBESLIED

Die Noten mit den Herz-Köpfen sind leicht zu applizieren und ein schönes Geschenk für jemanden, der gerade lernt, ein Instrument zu spielen.

A

A Notenhälse und -fähnchen sowie die drei Herzen zuschneiden

TECHNIK

Von Hand Aufgebügelt Unversäubert

Seite 26 Seite 30

Beim Aufbügeln der Herzen die Notenhälse leicht überlappen lassen. Mit Vorstich umsticken.

13 HERZ IM HERZEN

Kanten, die mit der Zackenschere geschnitten werden, fransen nicht so leicht aus und sehen auch noch ausgesprochen hübsch aus.

A Ein großes Herz zuschneiden
B Ein kleines Herz zuschneiden

TECHNIK

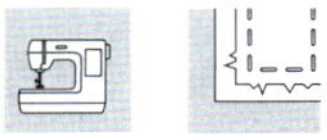

Seite 30

Mit der Zackenschere die Herzen in beliebiger Größe zuschneiden. Mit Geradstich in etwas Abstand zur Stoffkante aufsteppen.

Zusätzliche Materialien
An der oberen Einkerbung des kleineren Herzens von Hand eine kleine Stoffrose aufnähen.

Tipp
Anstelle der Rose kann auch ein hübscher Knopf oder eine Perle verwendet werden.

14 BUNTES SECHSECK

Sechs Dreiecke, die an den Spitzen zusammenstoßen, teilen das große Sechseck wie eine Torte. Mehrere dieser Motive, in verschiedenen Winkeln appliziert, wirken sehr dynamisch.

A Ein Sechseck zuschneiden
B Zwei Dreiecke zuschneiden
C Zwei Dreiecke zuschneiden
D Ein Dreieck zuschneiden
E Ein Dreieck zuschneiden

TECHNIK

Seite 26 Seite 28

Das Sechseck mit Papiereinlage applizieren, dann die Dreiecke aufbügeln. Wer möchte, verziert die Kanten mit Zierstichen.

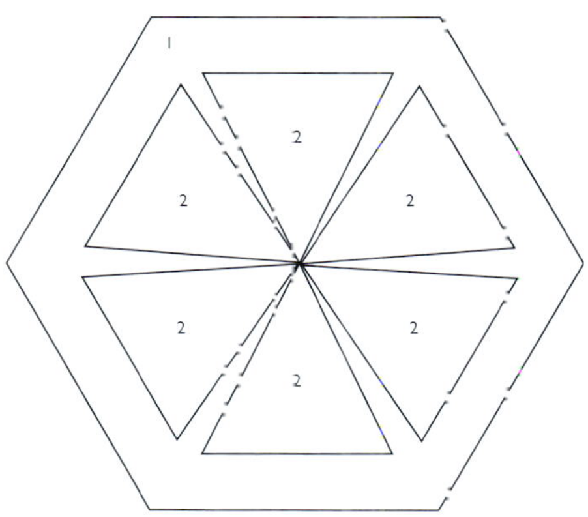

MOTIVE 15–33

NATUR PUR

Blüten, Bäume und andere Motive aus der Natur eignen sich besonders gut zur Dekoration von Freizeitkleidung. Und ganz nebenbei sind diese Applikationen eine kreative Möglichkeit, Stoffreste umweltfreundlich zu recyceln.

15 BLUMENGIRLANDE

Die einfachen Blütenformen tauchen in diesem Kapitel noch einige Male auf. Hier werden sie überlappend zu einer Girlande zusammengefügt und mit kleinen Perlen dekoriert.

A B

A Drei Blumen ausschneiden

B Zwei Blumen ausschneiden

TECHNIK

Von Hand Unversäubert

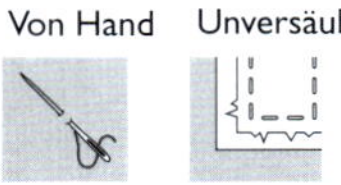

Seite 30

Alle Blüten in einer Kontrastfarbe mit Langettenstich umsticken.

Zusätzliche Materialien

Auf alle Blumen aus Stoff A eine kleine Perle nähen.

16 UNVERWÜSTLICHER KAKTUS

Kakteen gibt es – wie Menschen – in vielen Formen und Größen. Wie stachelig dieses Exemplar sein soll, lässt sich durch die Zahl der aufgestickten Stacheln leicht beeinflussen.

A B

A Einen Kaktus zuschneiden

B Einen Topf zuschneiden

TECHNIK

Von Hand Aufgebügelt

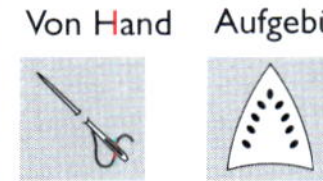

Seite 26

Blumentopf und Kaktus mit Langettenstichen aufnähen. Dann beliebig viele Stacheln aufsticken.

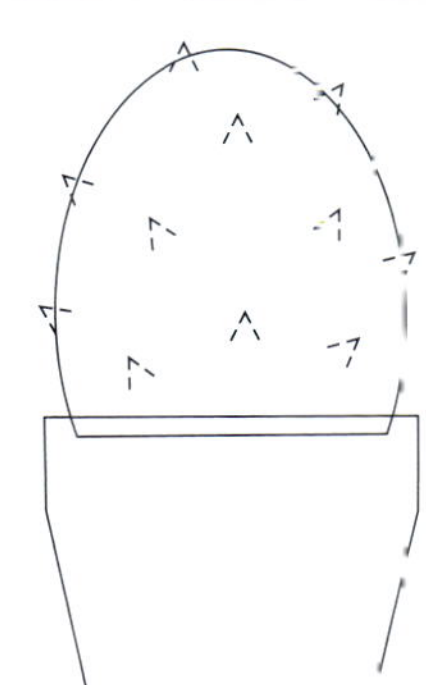

Tipp

Diese Applikation lässt sich leicht zu einem Ostermotiv umwandeln: Einfach andere Stoffe nehmen und die Stacheln weglassen, fertig ist das Ei im Eierbecher.

17 HIBISKUSBLÜTE

Die hübsche Blüte ist eine schöne Dekoration für eine Tasche, eine Mütze, ein Kissen oder andere Accessoires. Sie wird in einem Stück zugeschnitten, wirkt aber durch den Knopf und die gefalteten Blätter plastisch.

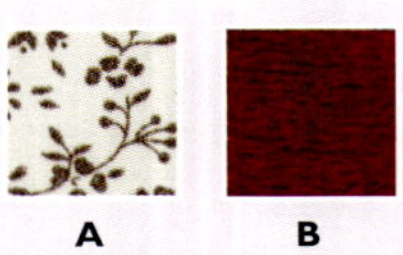

A **Eine Blüte zuschneiden**
B **Zwei Blätter zuschneiden**

TECHNIK

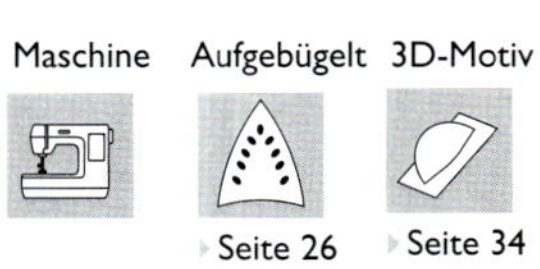

Die Blüte aufbügeln und die Kante mit engen Zickzackstichen aufnähen. Die Blätter falten und entlang der Mitte aufsteppen.

Zusätzliche Materialien

In die Mitte der Blüte einen großen Knopf kleben.

18 GÄNSEBLÜMCHEN

Die einfache, langstielige Blume aus buntem Filz wird mit Geradstich aufgenäht. Sie lässt sich sehr gut variieren (siehe Seite 65 rechts).

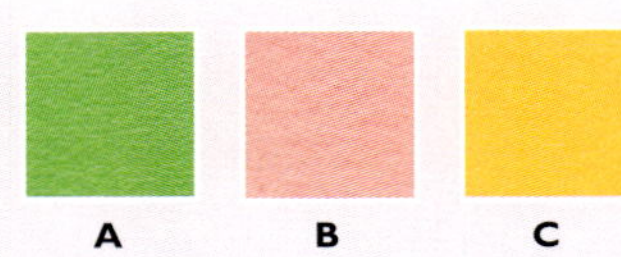

A **Fünf Blätter zuschneiden**
B **Eine Blüte zuschneiden**
C **Ein rundes Blütenzentrum zuschneiden**

TECHNIK

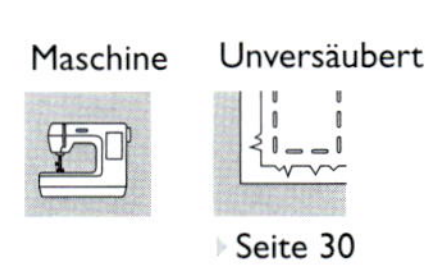

Die Teile auf dem Stoff anordnen und den Verlauf des Stiels anzeichnen. Den Stiel mit Zickzackstich steppen. Alle Teile feststecken und mit Geradstich aufnähen.

Tipp

Plastischer wirken die Blätter, wenn sie gefaltet werden (siehe Motiv 17, links).

19 BLÜHENDE TULPEN

Mit ihren Stielen aus Zackenlitze und den fröhlich gestreiften Blättern peppen die leuchtenden Tulpen jedes Projekt auf.

A

B

A Vier Blätter zuschneiden
B Vier Tulpenblüten zuschneiden

TECHNIK

Von Hand

Aufgebügelt

Seite 26

Unversäubert

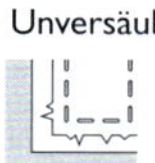

Seite 30

Alle Teile zuerst auflegen, dann aufbügeln. Mit farblich passenden Garnen die Blätter mit Langettenstich aufnähen, die Blüten mit Rückstich.

Zusätzliche Materialien

Zackenlitze als Stiele zwischen Blüten und Blätter kleben.

Variation

18

SONNENBLUME

Die extralange Variante von Motiv 18 reckt sich der Sonne entgegen. Am langen Stiel aus Borte hat sie neun Blätter. Wer möchte, kann sie noch länger wachsen lassen oder zusätzliche Blüten applizieren.

Kombi-Spaß

16 + 17

TAGLILIE

Im Topf von Motiv 16 kann auch eine andere Pflanze wachsen, zum Beispiel eine rote Version der Hibiskusblüte (Motiv 17).

20 ROSA PILZE

Die Pilze aus Wachstuch in Rosa und Weiß sind mit niedlichen Stoffrosen verziert.

A

B

A Zwei Pilzhüte zuschneiden

B Zwei Stiele zuschneiden

TECHNIK

Maschine

Die Teile aufstecken und mit farblich passendem Garn in Plattstich aufsteppen.

Zusätzliche Materialien

In die rechte Ecke jedes Pilzhutes von Hand eine kleine Stoffrose nähen.

Tipp

Statt der Rosen kann man auch kleine, weiße Knöpfe aufnähen, die wie die Punkte eines Fliegenpilzes aussehen.

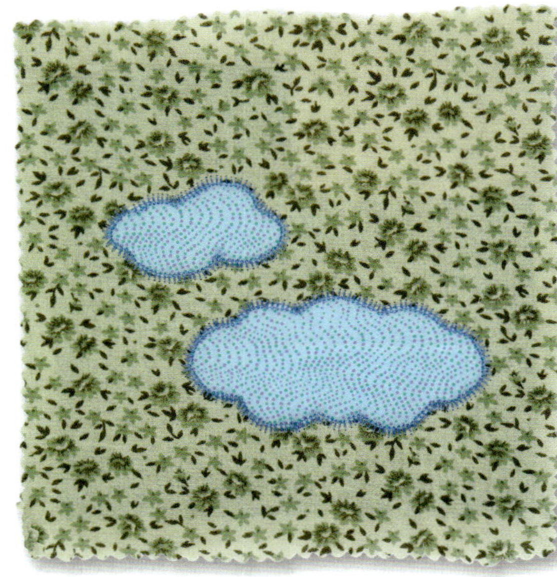

21 WOLKEN

Ein Motiv für alle, die gern den Wolken nachschauen und träumen. Gearbeitet wird in der Unterlege-Technik.

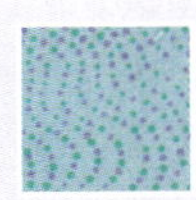

A

A Ein Stück Stoff zuschneiden, das beide Wolken großzügig abdeckt

TECHNIK

Maschine Unterlegt

Seite 32

Die Konturen mit Langettenstich umsticken. Die langen Stiche zeigen nach außen.

22 REGENTROPFEN

Es regnet? Macht nichts, auf Seite 80 steht ein Regenschirm bereit. Die einfachen Tropfen werden mit Füllvlies unterlegt. Sie können nach Belieben vergrößert oder verkleinert werden.

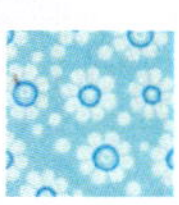

A

A Zwei Tropfen zuschneiden

TECHNIK

Maschine 3D-Motiv

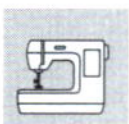

Seite 36

Alle Kanten mit Plattstich aufsticken.

23 EICHEL

Die Eichel lässt sich sehr gut mit Papiereinlage fertigen. Ein schönes Motiv für die Küche, aber auch für eine Picknickdecke.

A B

A Ein Oberteil zuschneiden

B Eine Eichel und einen Stiel zuschneiden

TECHNIK

Maschine Aufgebügelt Papiereinlage

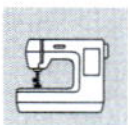

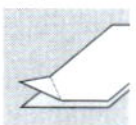

Seite 26 Seite 28

Beide Hauptteile der Eichel werden mit Papiereinlage appliziert. Anschließend den kleinen Stiel aufbügeln.

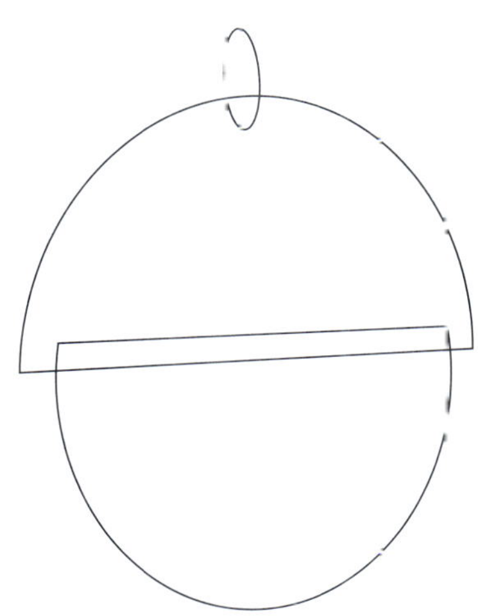

24 KNOPFBAUM

Der Baum mit der grafischen Form wird mit kleinen Knöpfen verziert. Ideal sind Knöpfe in Blatt-, Frucht- oder Blütenform, aber man kann auch andere bunte Knöpfe verwenden.

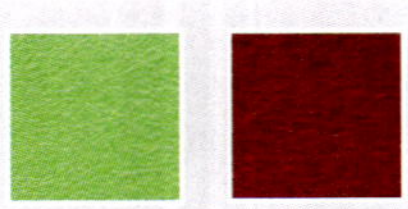

A **B**

A Eine Baumkrone zuschneiden
B Einen Baumstamm zuschneiden

TECHNIK

Maschine
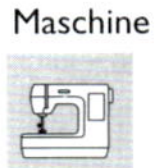

Aufgebügelt
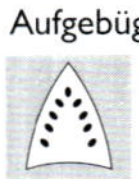

Seite 26

Stamm und Baumkrone mit nicht zu engen Zickzackstichen applizieren.

Zusätzliche Materialien

Die Knöpfe aufkleben und nach Wunsch »Fallobst« hinzufügen.

25 BAUM AUS RESTEN

Ein ideales Motiv für ganz kleine Stoffreste, zum Beispiel mit verschiedenen Mustern in Grüntönen.

A **B** **C** **D**

A Einen Baumstamm zuschneiden
B Zwei Kronenteile zuschneiden (links und rechts)
C Ein Kronenteil zuschneiden (oben)
D Ein Kronenteil zuschneiden (unten)

TECHNIK

Maschine
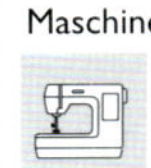

Aufgebügelt

Seite 26

Alle sichtbaren Stoffkanten von Baum und Krone mit kleinen Langettenstichen aufnähen.

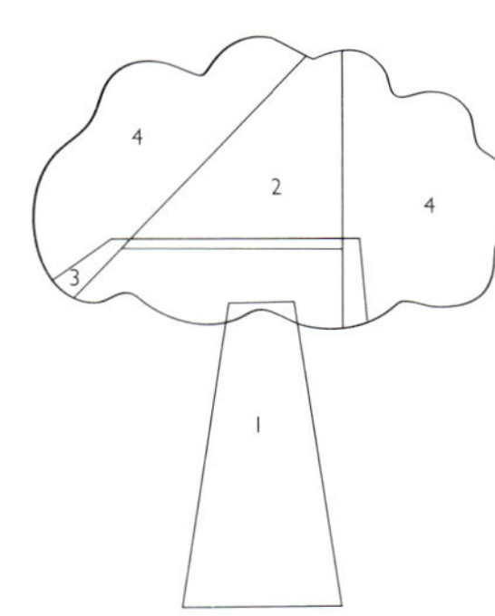

Tipp

Wer es eilig hat, schneidet die Baumkrone aus einem Stück Stoff zu. Dann sieht das Motiv so aus wie der Baum auf Seite 91 unten.

26 AHORN

Diese Applikation ist besonders einfach, weil nur ein Stoffteil von Hand aufgenäht wird. Die kräftigen Farben und die Knöpfe in Blattform erinnern an einen herbstlichen Wald.

A

A Einen Baum zuschneiden

TECHNIK

Von Hand 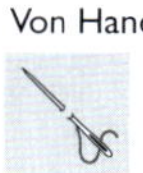

Unversäubert 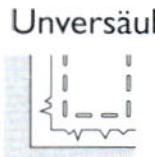

Seite 30

Die Baumkontur mit farblich passendem Garn in Langettenstich umsticken.

Zusätzliche Materialien

Zwei kleine Holzknöpfe in Blattform auf die Baumkrone nähen. Am schönsten sind Knöpfe in passenden Brauntönen.

27 SEEROSEN IM WINTER

Einzelne Blattformen haben einen besonderen Reiz. Dieses großflächige Blatt mit den kleinen Blüten lässt an Seerosen in einem Teich denken. Die sommerliche Version ist auf Seite 71 zu sehen.

A

A Ein Stück Stoff zuschneiden, das die Blattfläche großzügig abdeckt

TECHNIK

Maschine 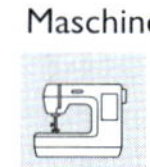

Unterlegt 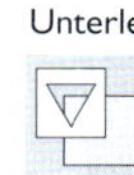

Seite 32

Die Kontur knapp neben der Schnittkante auf dem Hintergrundstich mit Zickzackstichen umnähen.

Zusätzliche Materialien

Kleine Stoffblumen aufkleben.

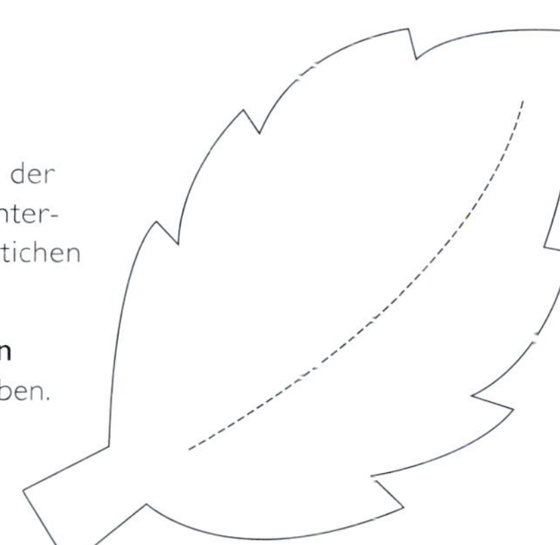

28 KROKUS

Die lockeren Blütenblätter sorgen für den plastischen Effekt. Weil man sie von beiden Seiten sieht, werden die Rückseiten aus einem anderen Stoff gearbeitet. Eine hübsche Verzierung für eine Mütze oder einen Schuh (siehe Seite 122).

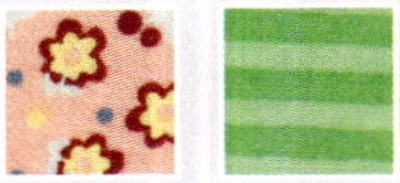

A B

A Fünf Blütenblatt-Vorderseiten zuschneiden

B Fünf Blütenblatt-Rückseiten zuschneiden (hier nicht zu erkennen)

TECHNIK

Maschine 3D

Seite 34

Zusätzliche Materialien

Aus jedem Stoff fünf Blütenblätter zuschneiden. Je eine Vorder- und Rückseite mit Haftvlies zusammenbügeln. Die breiten Enden der Blütenblätter leicht aufkräuseln und mit einem Stich aufnähen. Einen Knopf in die Mitte nähen.

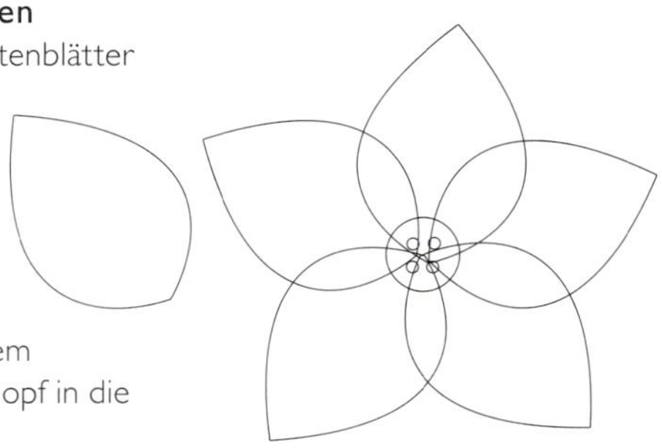

29 HERBSTBLUMEN

Großgemusterte Stoffe bieten sich für Applikationen an, weil man einfach einzelne Motive aus ihnen ausschneiden kann.

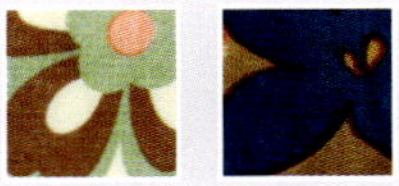

A B

A Ein Stoffmotiv nach Wahl ausschneiden

B Ein Stoffmotiv nach Wahl ausschneiden

TECHNIK

Maschine Unversäubert

Seite 30

Aus großgeblümtem Stoff einzelne Blumen ausschneiden und unversäubert auf den Hintergrund nähen. Die Kanten mit Plattstich, Vorstich oder einem Stich nach Wahl umsticken.

Viele gemusterte Stoffe enthalten dekorative Motive, die sich problemlos ausschneiden lassen.

30 IMMERGRÜNE BLUME

Ein einfaches, aber effektvolles Motiv aus sechs Blütenblättern in zwei verschiedenen Farbstellungen. Die Stoffe sollten farblich aufeinander abgestimmt sein. Sie können zusätzlich mit Perlen bestickt werden.

A

B

A **Vier Blütenblätter zuschneiden**

B **Zwei Blütenblätter zuschneiden**

TECHNIK

Von Hand

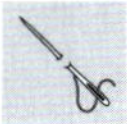

Unversäubert

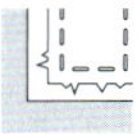

Seite 30

Die Blütenblätter von Hand mit Rückstichen aufnähen

Zusätzliche Materialien

Um jedes zweite Blatt mit kleinen Stichen winzige Glasperlen nähen.

Variation

27

SEEROSEN IM SOMMER

Hier wurde das Blatt aus Motiv 27 unversäubert mit Handstichen aufgenäht. Zierliche Stoffblumen sind ein hübsches Detail.

Projektidee

19 + 11

GESCHIRRTUCH MIT BEEREN

Simple Geschirrtücher lassen sich prima aufpeppen, zum Beispiel mit Beeren aus kleinen Kreisen und Stielen aus Zackenlitze.

31 GEOMETRISCHE BLUME

Diese Blume hat sechs strahlenförmige Stengel, auf denen bunte Knopfblüten sitzen. Am schönsten sehen Knöpfe in sonnigen, freundlichen Farben aus.

A

A Einen Kreis zuschneiden

TECHNIK

Maschine

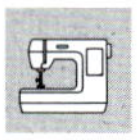

Aufgebügelt

Seite 26

Den inneren Kreis aufbügeln und mit Langettenstich aufnähen. Sechs strahlenförmige Stiele mit einem Zierstich steppen.

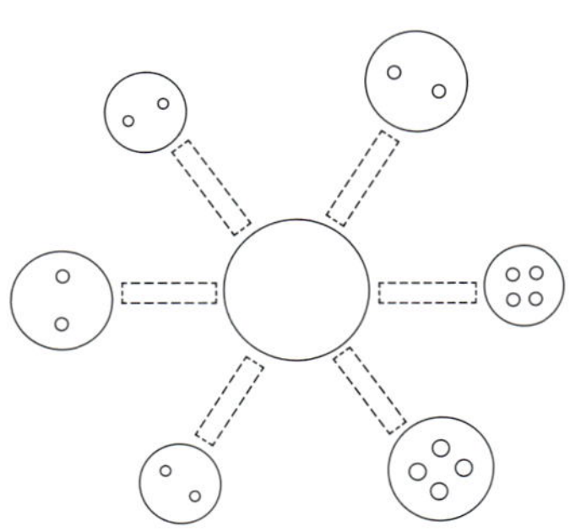

Zusätzliche Materialien

Sechs Knöpfe in ähnlichen Größen aussuchen und an die Enden der Stiele nähen.

> **Tipp**
>
> **Für die Stiele können auch schmale Bänder appliziert werden.**

32 ROSETTE

Mit so einer Rosette schmücken sich nicht nur Sieger gern. Das Band sollte auf das Thema oder den Anlass abgestimmt sein.

A

B

A Einen Kreis ausschneiden

B Eine Rosette in Blütenform ausschneiden

TECHNIK

Von Hand

Unversäubert

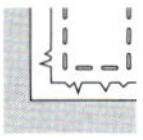

Seite 30

Zusätzliche Materialien

Zwei Stücke Band zuschneiden. Die Rosette feststecken und die Bänder 1–1,5 cm darunterschieben. Die Rosette mit Rückstich aufnähen, dabei auch die Bänder fixieren. Den inneren Kreis mit Langettenstich umsticken.

33 BLUMEN AUS BÄNDERN

Die dreidimensionalen Blüten sind im Handumdrehen aus Band- und Bortenstücken gemacht. Die Stiche in der Mitte werden unter einem Knopf versteckt.

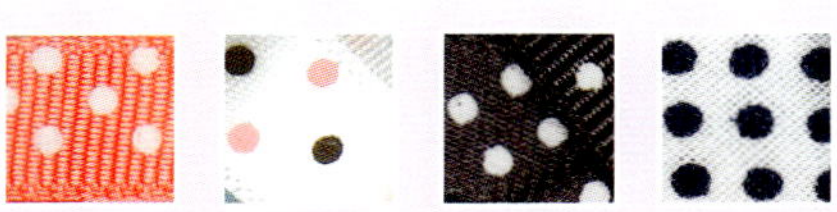

A B C D

A Zwei Stücke von 15 cm Länge zuschneiden

B Zwei Stücke von 15 cm Länge zuschneiden

C Vier Stücke von 10 cm Länge zuschneiden

D Vier Stücke von 10 cm Länge zuschneiden

TECHNIK

Von Hand 3D

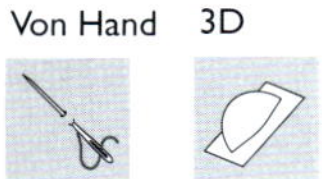

Seite 34

Vier Bandstücke gleicher Länge mit der Rückseite nach oben sternförmig auf den Tisch legen. Mit Nadel und Faden durch die Mitte aller Bänder stechen. Die Enden eines Bandes zur Mitte legen, so dass sich Schlaufen bilden. Die Enden zusammennähen. Die anderen Bandenden ebenso verarbeiten. Einige Stiche durch alle Lagen nähen, um sie gut zu fixieren.

Zusätzliche Materialien

Auf die Mitte jeder Blüte einen Knopf nähen.

Kombi-Spaß

30 + 33

3D-BLUME

Für diese Blume wird Motiv 30 von Seite 71 (jetzt in kräftigeren Farben) mit einer Band-Blüte (Motiv 33, links) kombiniert.

4 + 3

BLÜTE MIT STERN

Anstelle des Herzens wird in die Mitte von Motiv 4 ein Stern gesetzt. Der Stern hebt sich gut hervor, weil die beiden anderen Elemente der Applikation einander farblich so sehr ähneln, dass sie fast ineinander übergehen.

MOTIVE 34–52

FÜR JUNGS UND MÄDCHEN

In diesem Kapitel lädt eine ganze Parade von hübschen Mädchen und coolen Jungs zum Spielen ein. Die Figuren können mit Kleidung und Accessoires individuell gestaltet werden. Auch feine Handstickereien geben ihnen Witz und Charakter.

34 WINKENDER JUNGE

Begrüßt der kleine Junge seine Freunde? Obwohl die Teile des Motivs recht klein sind, ist die Applikation nicht sehr schwierig, wirklich!

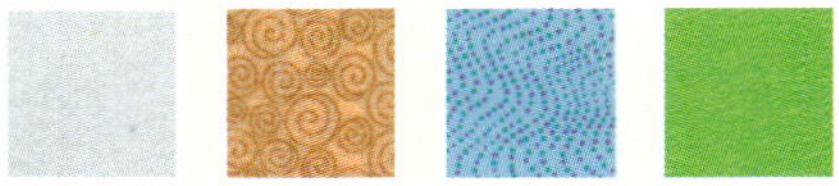

A **B** **C** **D**

A Alle Körperteile zuschneiden: Gesicht, Hals, Arme und Füße
B Die Haare zuschneiden
C Eine Latzhose zuschneiden
D Eine Tasche zuschneiden

TECHNIK

Von Hand Aufgebügelt Unversäubert

Seite 26 Seite 30

Alle Teile aufbügeln. Zuerst Hals und weitere Körperteile, dann die Haare, die Latzhose und zum Schluss die Tasche. Die Kleidung mit Vorstich aufnähen, Haare und Tasche mit Rückstich. Das Gesicht aufsticken.

35 WINKENDES MÄDCHEN

Die niedliche Freundin des Jungen von nebenan trägt ein hübsches Kleid in Lila. Wer möchte, kann Kleid oder Haare auch in einer anderen Farbe zuschneiden.

A **B** **C**

A Alle Körperteile zuschneiden: Gesicht, Hals, Arme und Beine
B Die Haare zuschneiden
C Ein Kleid und zwei Ärme zuschneiden

TECHNIK

Aufgebügelt

Seite 26

Alle Teile aufbügeln: Zuerst den Hals und die übrigen Körperteile, dann Haare und Kleid, zuletzt die Ärmel. Zum Schluss das Gesicht aufsticken.

Zusätzliche Materialien
Vorn auf das Kleid zwei winzige Knöpfe nähen. Den unteren Kleidersaum mit einer Borte verzieren.

36 MÄDCHEN IM ROTEN KLEID

Haare und Kleid dieser niedlichen Figur werden mit gekauften Stoffblümchen verziert.

A B C

A Alle Körperteile zuschneiden: Gesicht, Hals, Arme und Beine

B Die Haare zuschneiden

C Ein Kleid und zwei Ärmel zuschneiden

TECHNIK

Von Hand | Aufgebügelt | Unversäubert

Seite 26 Seite 30

Alle Teile aufbügeln: Zuerst den Hals und die übrigen Körperteile, dann Haare und Kleid, zuletzt die Ärmel. Die Konturen des Kleides mit Rückstich aufnähen. Das Gesicht aufsticken.

Zusätzliche Materialien

Die Stoffblüten mit einzelnen Stichen aufnähen.

37 SPORTLER

Der kleine Junge in seinem sportlichen Dress wartet nur darauf, nach seinem Ball zu springen. Ein schönes Motiv für aktive Kinder, für das z. B. auch die Farben der Lieblingsfußballmannschaft verwendet werden können.

A B C

A Alle Körperteile zuschneiden: Gesicht, Hals, Arme und Füße

B Eine Hose und Mütze zuschneiden

C Ein Shirt und Mützenband zuschneiden

TECHNIK

Von Hand | Unversäubert

Seite 30

Alle Teile auf den Untergrundstoff kleben. Das Shirt mit Vorstich aufnähen, Hose und Mütze mit Rückstich. Auf die Brust einen Kreis sticken. Augen, Mund und Haare aufsticken.

38 TANZ MIT SCHMETTERLINGEN

Ein frühlingsfrisches Motiv mit einem kleinen Mädchen und zauberhaft schillernden Schmetterlingspailletten.

A B C

A Alle Körperteile zuschneiden: Gesicht, Hals, Arme und Beine

B Die Haare zuschneiden

C Ein Kleid zuschneiden

TECHNIK

Maschine

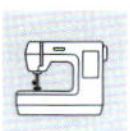

Aufgebügelt

Seite 26

Unversäubert

Seite 30

Alle Teile aufbügeln: Zuerst den Hals und die übrigen Körperteile, dann Haare und Kleid. Haare und Kleid mit passendem Garn in Plattstich nachsticken. Das Gesicht aufsticken.

Zusätzliche Materialien

Die Schmetterlingspailletten aufkleben.

Kombi-Spaß

37 + 38

WÄSCHELEINE

Waschtag. Hier hängen Hose und Shirt des Jungen (Motiv 37) und das Kleid des Mädchens (Motiv 38) auf einer Leine, die mit Zickzackstichen gestickt ist. Natürlich können auch andere Kleidungsstücke aufgehängt werden.

77 + 36 + 38

BOLLERWAGEN

In dem Wagen (Motiv 77 auf Seite 100) sitzt ein Mädchen, das aus folgenden Elementen besteht: Kleid und Haare von Motiv 36, Arme von Motiv 38.

39 MAGST DU MICH?

Diese junge Dame trägt in der klassischen Hochsteckfrisur eine hübsche Stoffrose. Die Wackelaugen geben ihr einen lebhaften Blick.

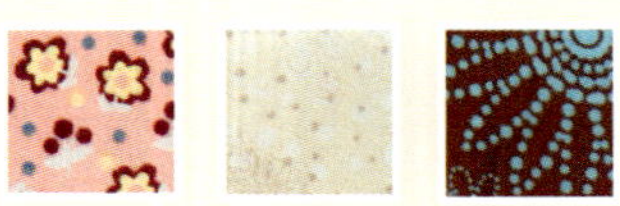

A **B** **C**

- A Ein Dreieck als Körper zuschneiden
- B Ein Gesicht zuschneiden
- C Haare und Haarknoten zuschneiden

TECHNIK

Maschine Papiereinlage

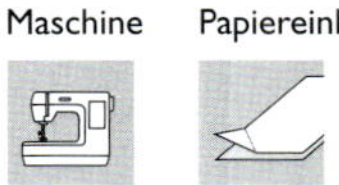

Seite 28

Die Teile mit Papiereinlage applizieren. Den Mund aufsticken.

Zusätzliche Materialien

Wackelaugen aufkleben und eine Stoffrose aufnähen.

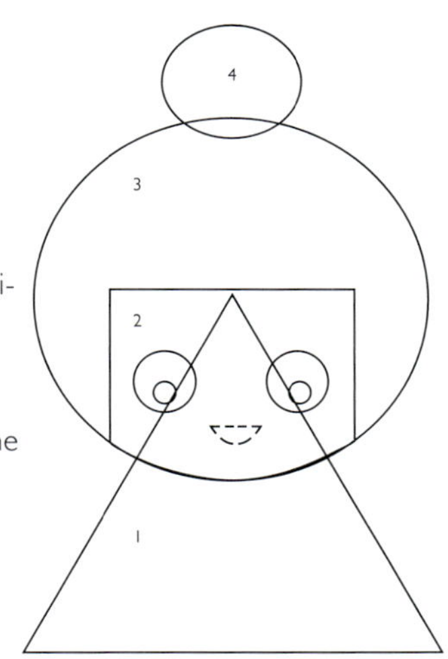

40 MIT SCHLIPS UND KRAGEN

Der junge Mann hat schon seine Bürokleidung an. Die Figur hat die gleiche Grundform wie Motiv 39, unterscheidet sich aber in den Details.

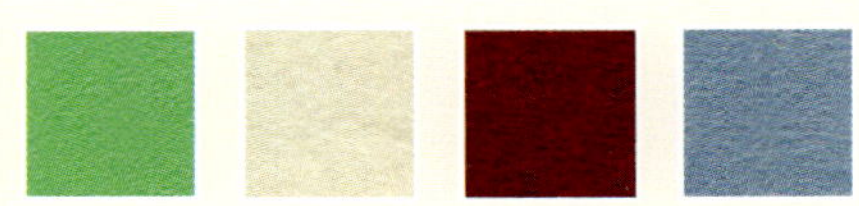

A **B** **C** **D**

- A Ein Dreieck als Körper zuschneiden
- B Ein Gesicht zuschneiden
- C Die Haare zuschneiden
- D Zwei Augen und beide Teile des Schlipses zuschneiden

TECHNIK

Von Hand Aufgebügelt Unversäubert

Seite 26 Seite 30

Die Konturen von Körper, Kopf und Haaren mit Vorstichen aufnähen. Das Gesicht aufsticken.

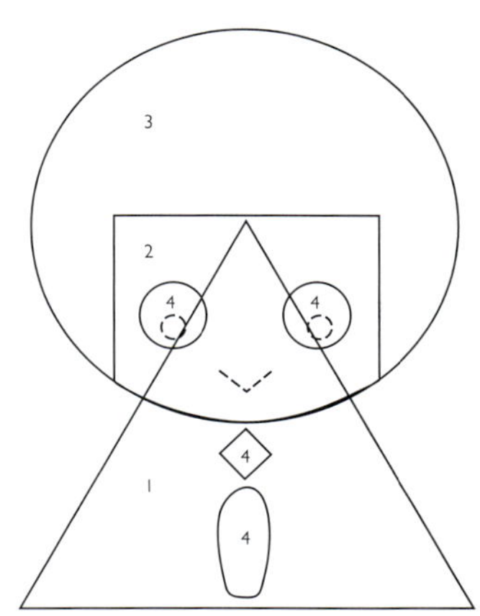

41 HÜBSCH GEMACHT

Glitzernde Dekorationen geben dieser kleinen Figur ihren Charme. Wer keine Glitzersteine hat, kann auch Perlen oder Pailletten verwenden.

A **B** **C**

A Ein Dreieck als Körper zuschneiden
B Ein Gesicht zuschneiden
C Haare und zwei Haarknoten zuschneiden

TECHNIK

Maschine Aufgebügelt

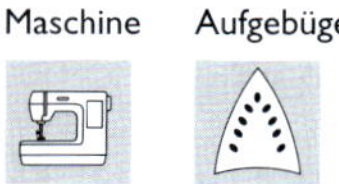

Seite 26

Konturen mit passendem Garn in Plattstich aufnähen. Den Mund aufsticken.

Zusätzliche Materialien

Mit Dekorkleber zwei Glitzersteine als Augen und einen weiteren als Knopf aufkleben.

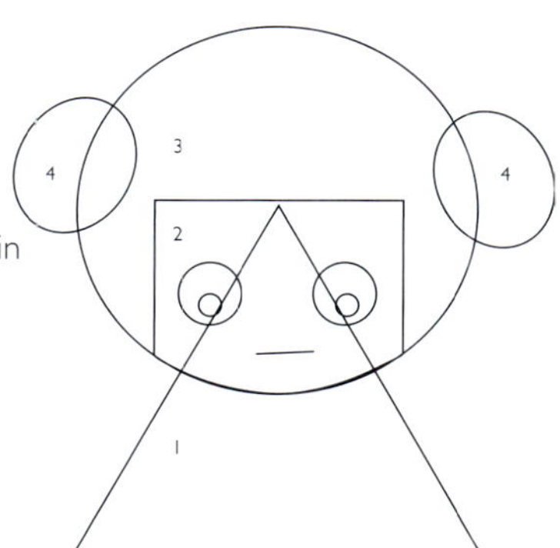

42 SCHUTZENGEL

Dieser süße Engel ist ganz in Rosa gekleidet. Blau, Gold oder eine andere Farbe stehen ihm aber auch sehr gut.

A **B** **C** **D**

A Einen Körper zuschneiden
B Zwei Flügel zuschneiden
C Ein Gesicht zuschneiden
D Einen Kopf zuschneiden

TECHNIK

Von Hand Maschine Papiereinlage

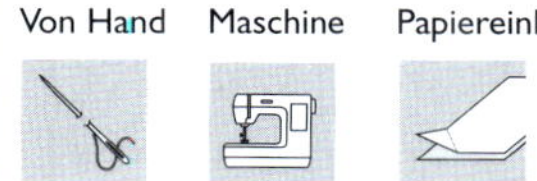

Seite 28

Körper, Flügel und Kopf mit Papiereinlage applizieren. Dann das Gesicht aufsticken. Das Gesicht feststecken und mit Vorstich aufnähen.

Zusätzliche Materialien

Als Stirnband fünf Pailletten aufnähen. Jede mit einer kleinen Perle befestigen.

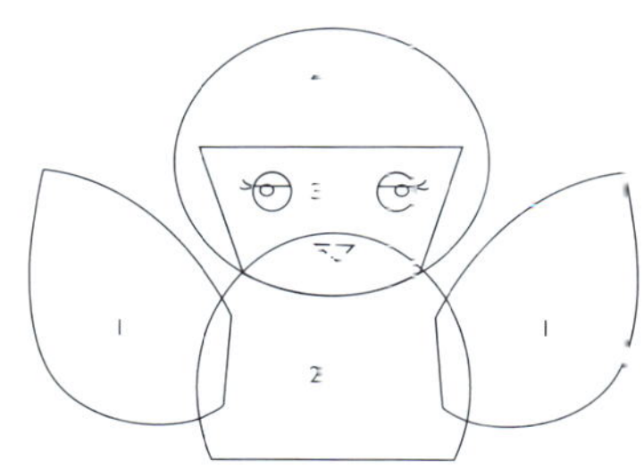

43 ERDBEERROTE TASCHE

Wo bewahrt ein appliziertes Figürchen all seine Habseligkeiten auf? Natürlich in einer Tasche. Diese wird unter dem Hintergrundstoff befestigt und bekommt einen Griff aus Zickzackstichen.

A B

A Ein Stück Stoff zuschneiden, das die Taschenform großzügig abdeckt

B Eine Verschlussklappe zuschneiden

TECHNIK

Maschine Aufgebügelt Unterlegt

Seite 26 Seite 32

Die Verschlussklappe auf Stoff A bügeln. Die Tasche als unterlegte Applikation arbeiten. Alle Konturen mit Plattstich umnähen.

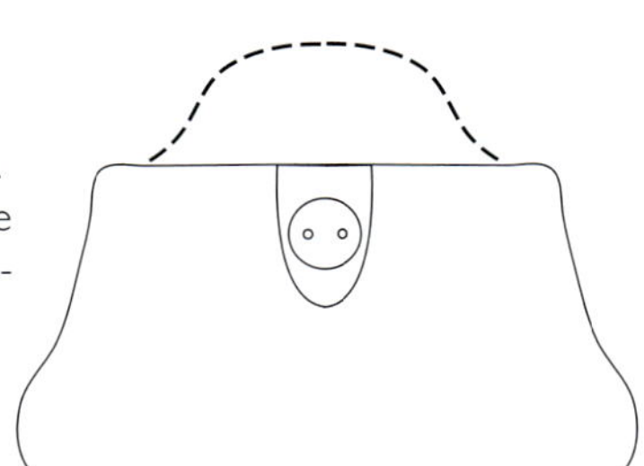

Zusätzliche Materialien
Einen Knopf auf den Verschluss kleben. Ein Stück Kordel als Griff auflegen, festkleben und mit Zickzackstichen übernähen.

44 REGENSCHIRM

Oder ist es ein Sonnenschirm? Er ist einfach zu applizieren, kann nach Belieben verziert oder mit Regentropfen (Motiv 22 auf Seite 67) kombiniert werden.

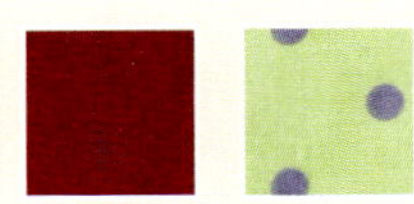

A B

A Einen Griff zuschneiden

B Ein Oberteil zuschneiden

TECHNIK

Maschine Aufgebügelt 3D

Seite 26 Seite 34

Den Griff aufbügeln und mit kleinen Langettenstichen aufnähen. Das Oberteil mit Füllwatte aufpolstern.

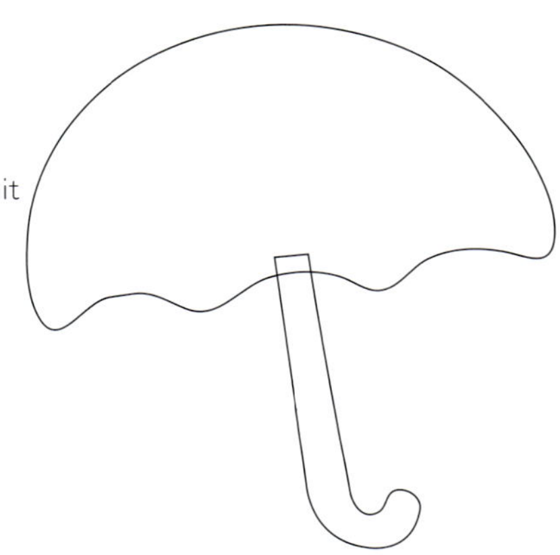

45 MATRIJOSCHKA

Dieses Bild besteht im Grunde nur aus Kreisen und Ovalen. Augen und Wimpern werden von Hand mit dünnem Garn und feinen Stichen aufgestickt.

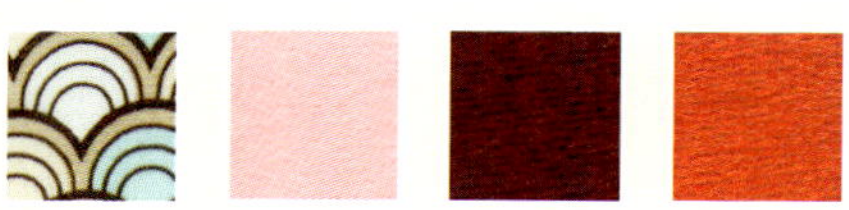

A B C D

- A Ein Oval zuschneiden
- B Zwei Hände und ein Gesicht zuschneiden
- C Die Haare zuschneiden
- D Zwei Kreise als Wangen zuschneiden

TECHNIK

Maschine Aufgebügelt Papiereinlage

Seite 26 Seite 28

Das große Oval mit Papiereinlage applizieren. Die Augen auf das Gesicht sticken, dann das Gesicht und alle anderen Teile auf das große Oval bügeln.

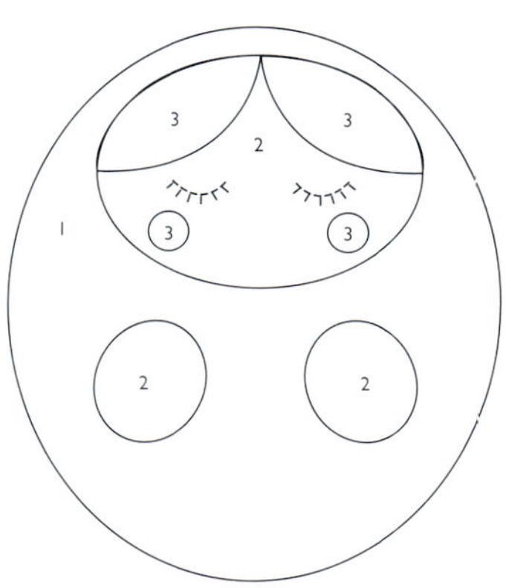

46 VALENTINSGRUSS

Dieses Motiv eignet sich perfekt für den Valentinstag, kann aber auch zu anderen Gelegenheiten verschenkt werden. Das große Oval wird hier aus rosa Kunstfell zugeschnitten.

A B C D

- A Ein großes Oval zuschneiden
- B Zwei Hände und ein Gesicht zuschneiden
- C Die Haare zuschneiden
- D Ein Herz zuschneiden

TECHNIK

Maschine Aufgebügelt

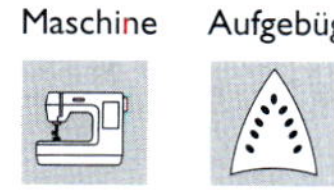

Seite 26

Das Kunstfell-Oval mit Zickzackstichen aufnähen. Augen und Mund werden gestickt.

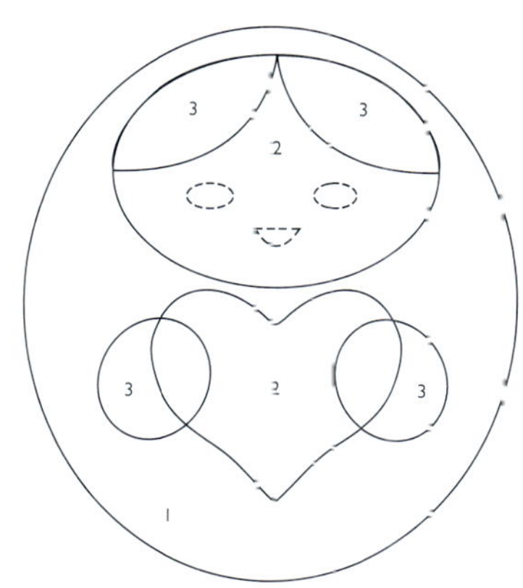

47 BLUMENMÄDCHEN

Dieses niedliche Mädchen hält eine leuchtende Blume in den Händen. Der Reiz dieses Motivs liegt in seiner bezaubernden Unschuld.

A B C

A Ein großes Oval zuschneiden
B Zwei Hände und ein Gesicht zuschneiden
C Die Haare zuschneiden

TECHNIK

Von Hand Unversäubert

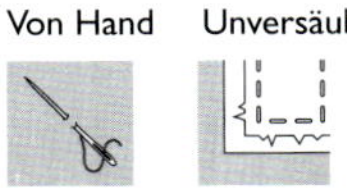

Seite 30

Gesicht und Hände mit Vorstich umrahmen, die Haare mit Rückstich.

Zusätzliche Materialien

Einen kleinen Knopf auf eine Blüte nähen und beides zwischen den Händen befestigen.

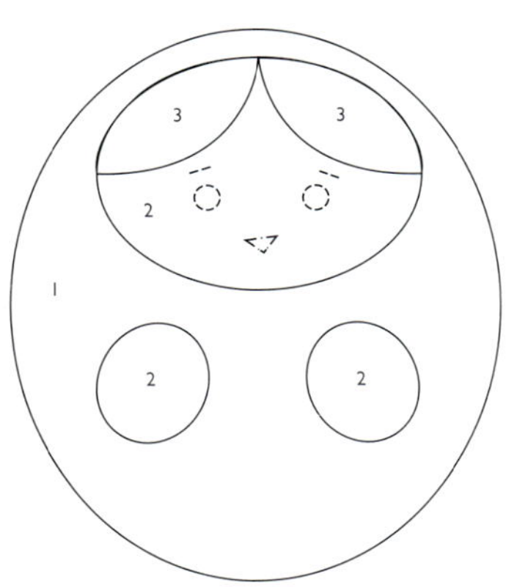

48 KOKESHI IN CREME

Kokeshi heißen die traditionellen japanischen Puppen. Diese Puppen hatten weder Arme noch Beine, doch bei den modernen Versionen ist künstlerische Freiheit erlaubt. Zusammen mit den Motiven 49 und 50 könnte diese Figur für eine ganze Kokeshi-Familie verwendet werden.

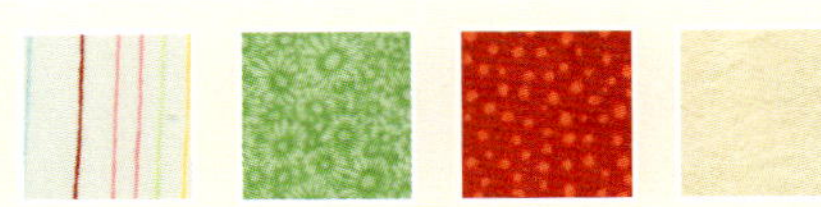

A B C D

A Einen Körper, zwei Ärmel und die Haare zuschneiden
B Ein Gürtelteil zuschneiden
C Ein Gürtelteil zuschneiden
D Ein Gesicht zuschneiden

TECHNIK

Maschine 3D

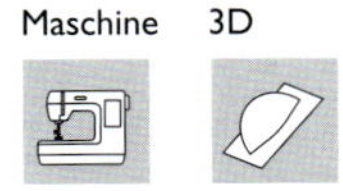

Seite 34

Mit Plattstich aufnähen. Das Gesicht aufsticken.

49 YUKATA IN GELB

Der Yukata ist ein japanisches Kleidungsstück und wird oft als Schlafanfug benutzt. Mit diesem gelben Gewand ist die Kokeshi-Puppe bettfertig. In Japan ist Gelb die Farbe des Mutes – sie wirkt fröhlich und sorgt bestimmt für schöne Träume.

A B C

A Den Körper, zwei Ärmel und zwei kleine Kreise zuschneiden
B Ein Gesicht zuschneiden
C Einen Gürtel und die Haare zuschneiden

TECHNIK

Aufgebügelt

Seite 26

Die Augen im Knötchenstich sticken, den Mund mit Vorstich.

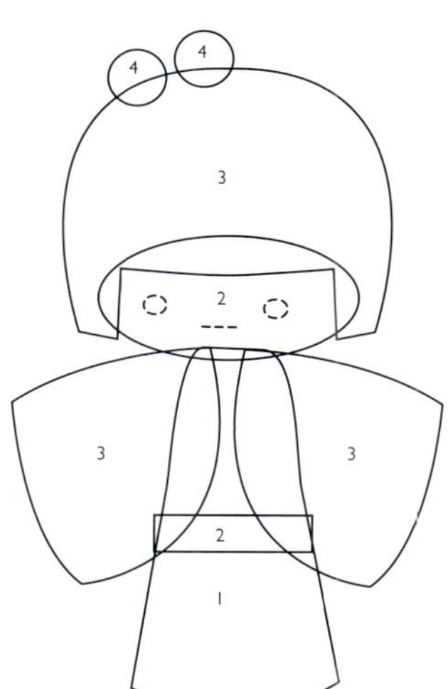

Tipp

Ein Sonnenschirm steht der Puppe auch gut (siehe rechts).

Kombi-Spaß

44 + 49

YUKATA UND SCHIRM

Egal, wie das Wetter ist: Der Schirm ist auf Seite 80 zu finden und das Püppchen gleich links bei Motiv 49.

Projektidee

17 + 47

WATTIERTES WANDBILD

Für so einen niedlichen Wandbehang können mehrere Motive kombiniert werden. Am oberen Rand zwei Schlaufen aus Satinband anbringen, damit man ihn aufhängen kann. Hier wurden Variationen der Hibiskusblüte von Seite 64 und des Blumenmädchens von Seite 82 appliziert. Weitere Tipps zum Anfertigen von Wandbildern auf Seite 124–125.

50 KIMONO GIRL

Kokeshi-Puppen sind auch als Glücksbringer beliebt. Dieses Motiv kann auf jedes Projekt appliziert werden, das dem Besitzer Glück bringen soll.

A B C

A Einen Köper und zwei Ärmel zuschneiden
B Ein Gesicht zuschneiden
C Einen Gürtel, die Haare und den Haarknoten zuschneiden

TECHNIK

Maschine Aufgebügelt

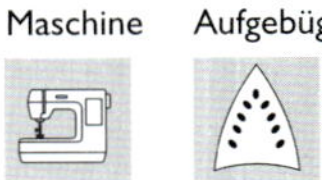

Seite 26

Stoff A und C mit Zickzackstich applizieren. Das Gesicht aufsticken.

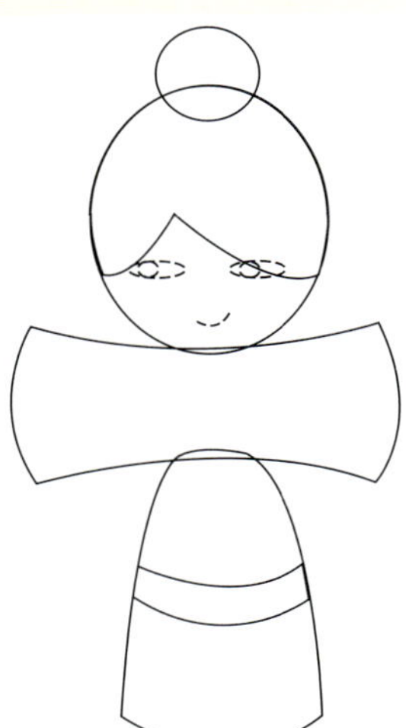

51 EINFACHER JUNGE

Diese Jungenfigur aus einem Stück ist schnell und einfach zu applizieren. Man kann ihn als Silhouette darstellen oder mit Details weiter ausarbeiten. Schön sieht z. B. ein Knopf auf dem Bauch oder ein Stück Borte als Gürtel aus.

A

A Eine Figur ausschneiden

TECHNIK

Maschine Aufgebügelt

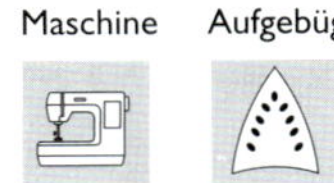

Seite 26

Die Konturen mit der Maschine mit Langettenstich aufsteppen. Augen und Haare aufsticken.

52 EINFACHES MÄDCHEN

Für dieses Motiv kann man Stoff in jeder Farbe verwenden. Wer wenig Zeit hat, schneidet die ganze Figur in einem Stück zu. Das Kleid bekommt einen Gürtel aus aufgeklebten Knöpfen.

A **B**

A Einen Körper mit Kopf zuschneiden

B Zwei Beine zuschneiden

TECHNIK

Maschine Aufgebügelt

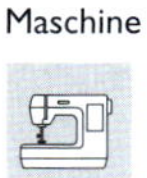

Seite 26

Die Beine mit Plattstich in passender Farbe aufnähen, den Körper mit Langettenstich. Augen und Haare mit Rückstichen sticken.

Kombi-Spaß

51 + 52

SIE UND ER

Die Konturen werden mit umschlungenem Vorstich betont. Über dem Paar schwebt eine kleinere Version des Schmetterlings von Seite 90 (Motiv 60). Aufgeklebte Schmetterlingspailletten runden die niedliche Szene ab.

39 + 103

LIEBE AUF DEN ERSTEN BLICK

Was das kulleräugige Mädchen von Seite 78 denkt, steht außer Zweifel – das verrät das Herzmotiv von Seite 115.

MOTIVE 53–82

TIERISCH NIEDLICH

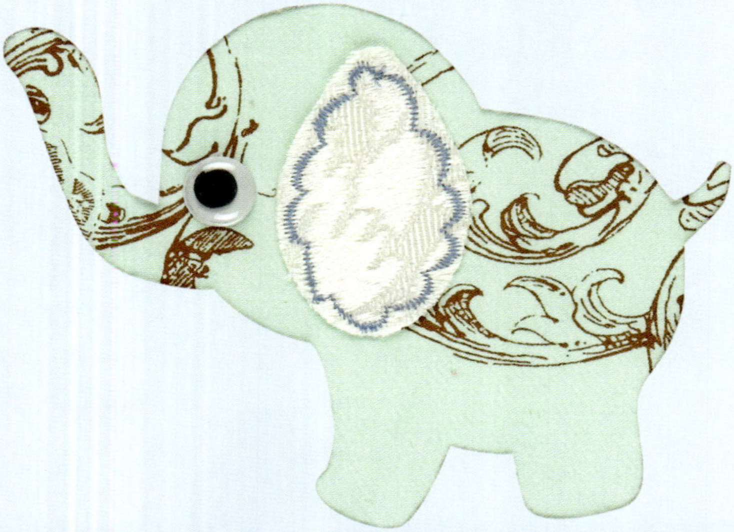

Dieses Kapitel ist ein ganzer Zoo voller niedlicher Tiere, an denen vor allem kleine Kinder viel Freude haben werden. Für Einsteiger sind einfache, einteilige Motive wie ein Kätzchen oder ein großer Schmetterling dabei. Wer sich an Komplizierteres wagen will, könnte sich das Eichhörnchen oder die Eule mit den großen Augen vornehmen. Bestimmt finden sich in der Restekiste allerlei hübsche Stoffe für die Tierchen!

53 KÄTZCHEN

Diese einfache Applikation aus Filz gelingt auch Anfängern garantiert. Das Gesicht wird aufgestickt, die Schleife ist fertig gekauft.

A

A **Eine Katzenform zuschneiden**

TECHNIK

Von Hand

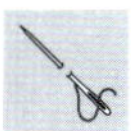

Unversäubert

Seite 30

Das Kätzchen kann aufgebügelt, aufgeklebt oder festgesteckt werden. Dann die Kontur mit Rückstich aufnähen. Aufgestickte Kreuze deuten Augen und Nase an.

Zusätzliche Materialien

Eine Stoffschleife aufkleben.

54 CHIHUAHUA

Dieses possierliche Tierchen mit den großen Ohren hat Knopfaugen. Wer möchte, kann stattdessen Wackelaugen verwenden.

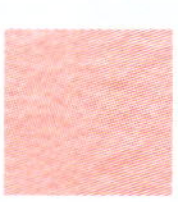

A

A **Eine Kopfform zuschneiden**

TECHNIK

Von Hand

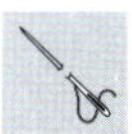

Unversäubert

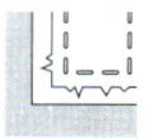

Seite 30

Die Konturen ringsherum mit Rückstich aufnähen. Die Nase und die Linie zwischen Kopf und Ohren mit Vorstichen andeuten.

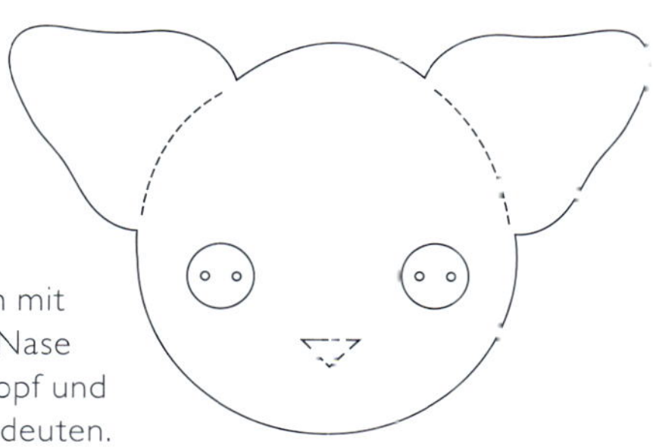

Zusätzliche Materialien

Zwei runde Knöpfe als Augen aufkleben und zusätzlich von Hand festnähen.

55 PHANTASIEMONSTER

Jedes Motiv aus dem Kapitel »Bunte Geometrie« lässt sich in ein Phantasietier verwandeln – zum Beispiel in so einen freundlichen Alien mit weit ausgebreiteten Armen.

A B C

A Einen Körper zuschneiden
B Zwei Ohren zuschneiden
C Zwei Arme und zwei runde Füße zuschneiden

TECHNIK

Maschine

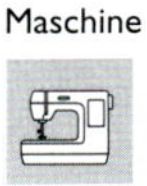

Aufgebügelt

Seite 26

Den Körper aus Wachstuch zuschneiden und aufkleben, die übrigen Teile vorsichtig aufbügeln. Den Körper mit engen Langettenstichen festnähen, die anderen Teile mit Geradstich.

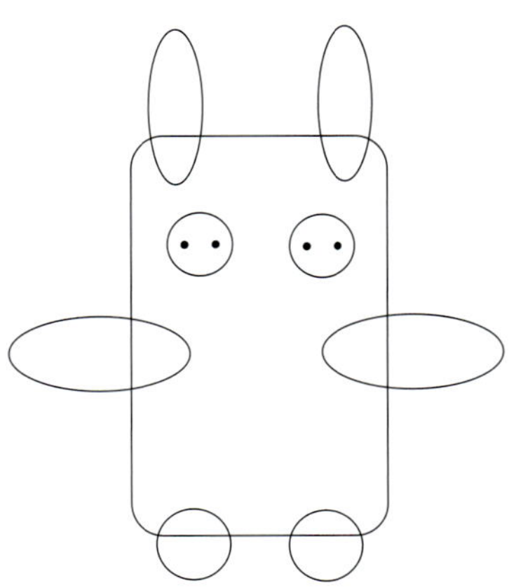

Zusätzliche Materialien

Zwei Knöpfe als Augen aufkleben.

56 GLÜCKSPILZ

Diese niedliche Figur ist eine schöne Dekoration für die Küche, aber auch für Picknick- oder Campingutensilien. Wer möchte, appliziert eine ganze Pilzfamilie.

A B C

A Einen Hut zuschneiden
B Einen Stiel zuschneiden
C Zwei runde Augen und einen kleinen Mund zuschneiden

TECHNIK

Maschine

Aufgebügelt

Seite 26

Alle Teile aufbügeln. Die beiden Hauptteile mit Langettenstich festnähen.

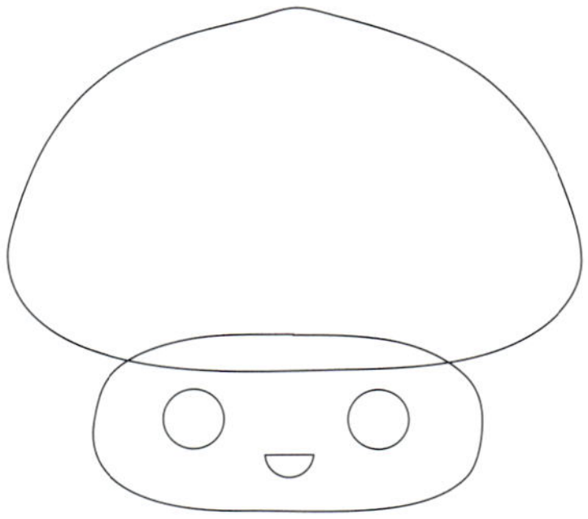

Tipp

Wer für den Hut keinen Stoff mit Herzen oder Punkten hat, kann auch weißen Stoff verwenden und die kleinen, roten Herzen separat ausschneiden und aufbügeln.

57 BITTE LÄCHELN!

Mit seinen klaren Formen eignet sich dieses freundliche Wesen vor allem für Kinder. Sie werden es lieben!

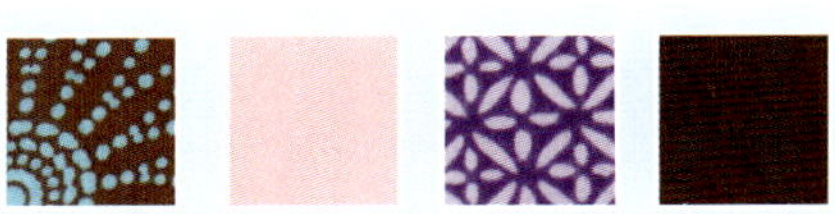

A **B** **C** **D**

- A Einen Körper zuschneiden
- B Ein Gesicht zuschneiden
- C Zwei Ohren zuschneiden
- D Zwei Augen zuschneiden

TECHNIK

Maschine Aufgebügelt

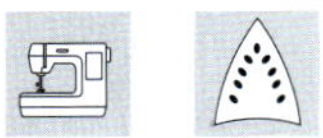

Seite 26

Alle Teile – ausgenommen die Augen – mit Plattstich umsticken. Der Mund wird mit Rückstich gestickt.

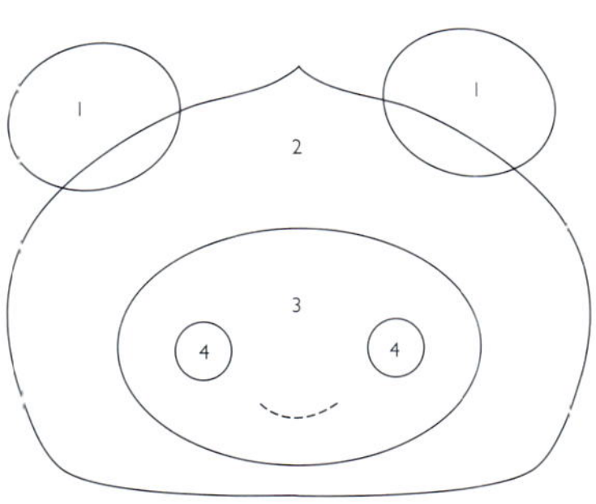

58 FLÜGELTIER

Dieses witzige Tierchen scheint geradezu vom Hintergrundstoff abzuheben. Der Kopf ist plastisch unterlegt, und die Wackelaugen blinzeln schelmisch.

A **B** **C**

- A Einen Kopf/Körper zuschneiden
- B Zwei Flügel zuschneiden
- C Zwei Füße zuschneiden

TECHNIK

Maschine Aufgebügelt 3D

Seite 26 Seite 34

Zuerst die Flügel aufbügeln, dann den wattierten Kreis in der Mitte aufnähen. Die Füße aufbügeln und den Mund aufsticken.

Zusätzliche Materialien
Zwei Wackelaugen aufkleben.

59 BIENE

So eine kleine Biene eignet sich als Dekoration für viele Projekte. Mit einer Papiereinlage gelingen die Formen der Teile gut. Alternativ kann man sie aus Filz zuschneiden oder unversäubert applizieren.

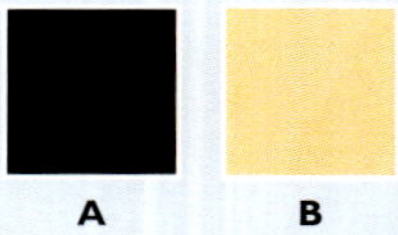

A Einen Körper zuschneiden
B Einen Kopf und zwei Flügel zuschneiden

TECHNIK

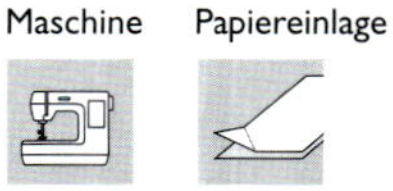

Seite 28

Kopf, Körper und Flügel mit Papiereinlage verarbeiten. Fühler und Stachel werden aufgestickt.

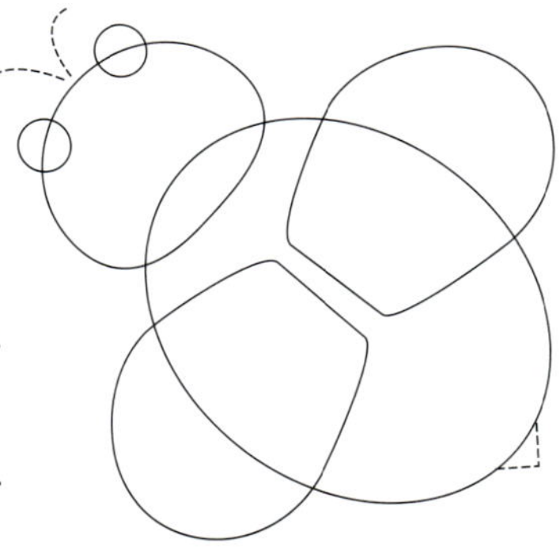

Zusätzliche Materialien

Zwei Knöpfe als Augen aufnähen.

60 GROSSER SCHMETTERLING

Die flächigen Flügel dieses Schmetterlings kann man sehr schön verzieren, zum Beispiel mit Perlen, Knöpfen, Glitzersteinen oder Stickereien. Hier ist Kreativität gefragt.

A Eine Schmetterlingsform zuschneiden

TECHNIK

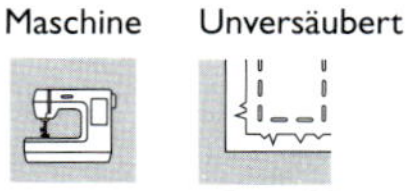

Seite 30

Die Konturen von Stoff A mit Geradstich aufsteppen. Die Kreise von Hand aufsticken.

Zusätzliche Materialien

Kordelstücke als Fühler aufkleben. Glitzersteine oder andere Dekorationen nach Belieben anbringen.

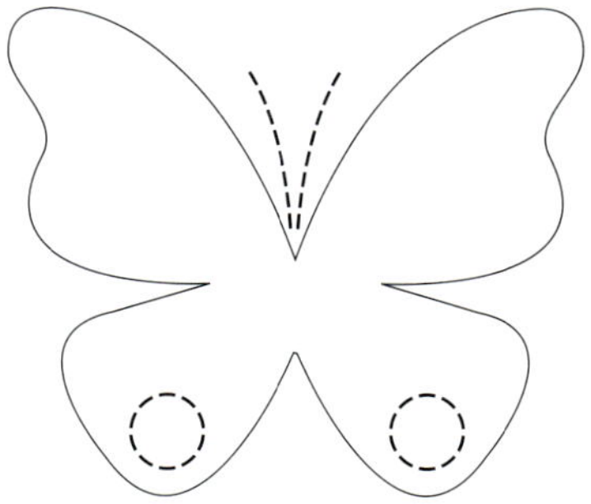

Tipp

Schneidet man die Form aus bedrucktem Stoff zu, sind weitere Dekorationen nicht nötig (siehe rechts).

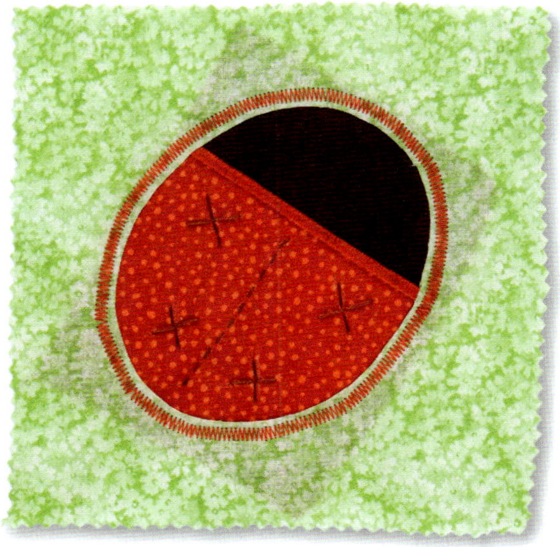

61 MARIENKÄFER

Es heißt, dass Marienkäfer Glück bringen. In manchen Ländern sind sie auch ein Symbol für die Liebe. Zwei gute Gründe, so eine Applikation an einen lieben Menschen zu verschenken.

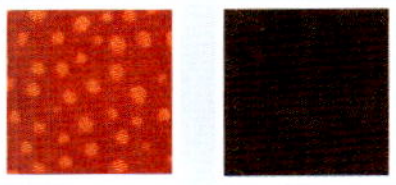

A **B**

A Ein großes Oval zuschneiden, das die gesamte Käferform gut abdeckt

B Einen Kopf zuschneiden

TECHNIK

Maschine Aufgebügelt Unterlegt

Seite 26 Seite 32

Den Kopf auf den Körper bügeln. Der Körper muss groß genug sein, um den Ausschnitt im Hintergrundstoff gut abzudecken. Die Ansatzlinie des Kopfes auf dem Körper mit Plattstich nachsticken. Den Käfer unter den Ausschnitt kleben und ringsum mit Zickzackstich nachsteppen. Die Trennlinie zwischen den Flügeln und die »Punkte« von Hand aufsticken.

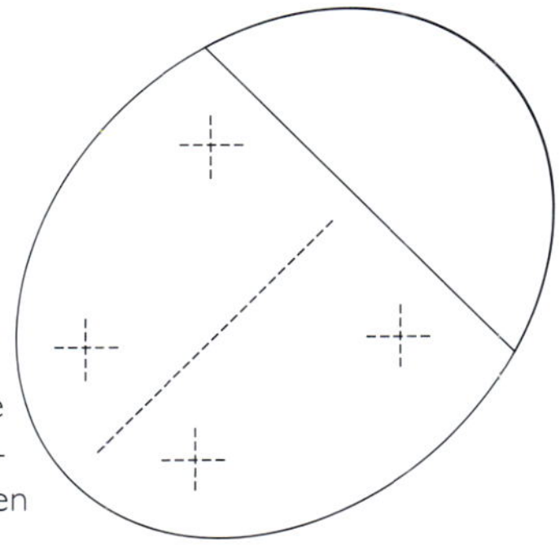

Variation

60

BUNTER SCHMETTERLING

Wer einen buntbedruckten Stoff verwendet, kann auf weitere Dekorationen verzichten. Einen Musterausschnitt aussuchen, der gut zu der Schmetterlingsform passt. Die Kanten mit Plattstich nachsticken.

Kombi-Spaß

67 + 25

Eule und Baum

Tiermotive und Bäume passen gut zusammen. Hier wurde die Eule (Motiv 67) mit dem Baum von Seite 68 (Motiv 25) kombiniert. Die Baumkrone wurde aus einem Stück Stoff zugeschnitten, ebenso Kopf und Körper der Eule.

Tipp

Kleine Druckmuster eignen sich meist besser als große. Bei der Musterauswahl muss die Größe der Applikation berücksichtigt werden. Große Muster können ihren Reiz verlieren, wenn man zu kleine Teile aus ihnen ausschneidet.

62 SCHNECKE MIT HAUS

Das Schneckenhaus aus grünem Fleece fühlt sich ganz weich an – prima für neugierige, kleine Kinderfinger. Verziert ist es mit Kreisen in einem Muschelsaum-Stich.

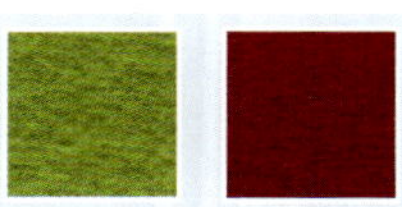

A **B**

A Ein rundes Schneckenhaus zuschneiden

B Kopf und Schwanz zuschneiden

TECHNIK

Maschine Aufgebügelt

Seite 26

Kopf und Schwanz mit Plattstich aufsticken. Mit einem Maschinenzierstich zwei Kreise auf das Haus steppen. Die Fühler aufsticken. Einen Knötchenstich als Auge sticken.

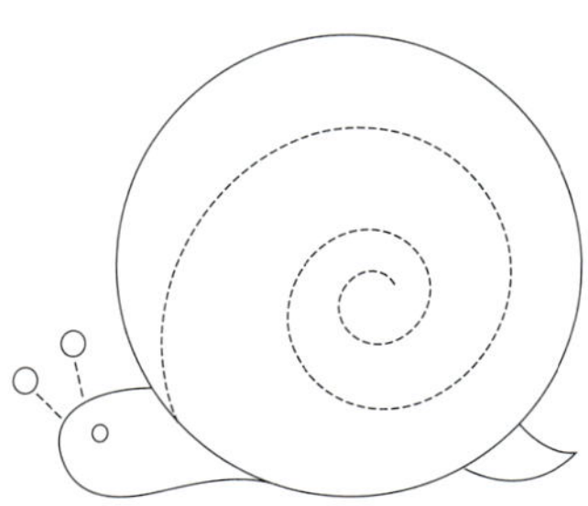

Zusätzliche Materialien

An den Enden der Fühler kleine Perlen aufsticken.

Tipp

Bei Applikationen für kleine Kinder die Perlen weglassen. Es besteht die Gefahr, dass sie verschluckt werden.

63 RAUPE

Aus fünf kleinen Kreisen wird eine neugierige Raupe. Lustige Wackelaugen und die aufmerksam aufgerichteten Fühler geben ihr Charakter.

A **B**

A Einen Kreis für den Kopf und zwei Kreise für den Körper zuschneiden

B Zwei Kreise für den Körper zuschneiden

TECHNIK

Maschine Aufgebügelt

Seite 26

Die Kreise mit Plattstich und Langettenstich festnähen. Die Fühler als gekrümmte Linien aufsticken.

Zusätzliche Materialien

Aufgeklebte Wackelaugen geben der Raupe ihr neugieriges Aussehen.

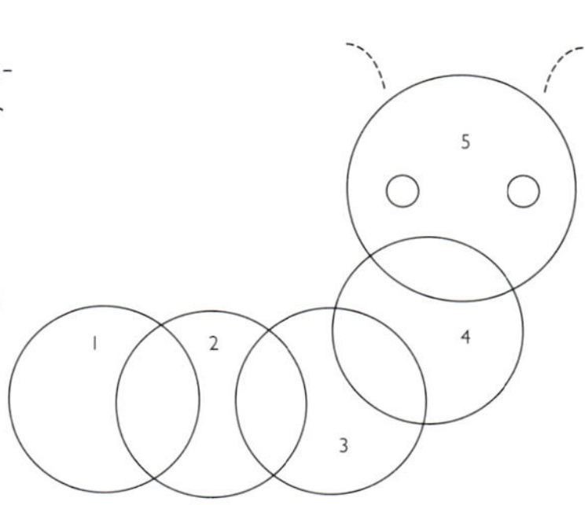

64 IGEL

Der Igel wird aus einem Stück zugeschnitten. Die Nase und die Stacheln werden von Hand aufgestickt. Dieses Motiv gelingt auch Einsteigern problemlos.

A

A Eine Igelform zuschneiden

TECHNIK

Maschine

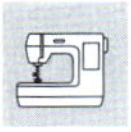

Papiereinlage

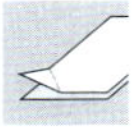

Seite 28

Die Form mit Papiereinlage applizieren. Die Nase mit einer gebogenen Linie andeuten, die Stacheln mit geraden Stichen aufsticken.

Zusätzliche Materialien

Einen Knopf als Auge aufnähen.

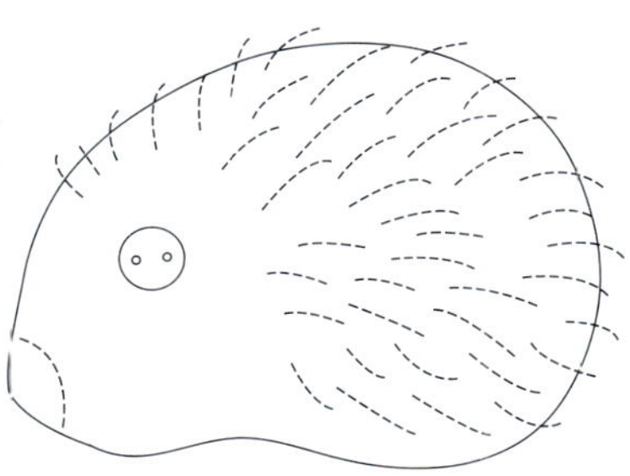

65 FREUNDLICHER FROSCH

Der witzige Frosch mit den großen Wackelaugen bringt jeden zum Lachen. Er verdient es, dass man ihm ein Projekt widmet.

A

B

A Einen Kopf, einen Körper und zwei Beine zuschneiden
B Zwei runde Augen zuschneiden

TECHNIK

Maschine

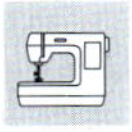

Aufgebügelt

Seite 26

Alle Stoffkanten mit Langettenstich aufnähen. Das Maul mit zwei Reihen von Rückstichen aufsticken.

Zusätzliche Materialien

Zwei Wackelaugen aufkleben.

66 ZWINKERKATZE

Was ist niedlicher als ein Kätzchen? Ein blinzelndes Kätzchen! Das geöffnete Auge wird appliziert, das zwinkernde wird als V-Form aufgestickt.

A B C

- A Einen Kopf zuschneiden
- B Drei Streifen und ein rundes Auge zuschneiden
- C Zwei Ohren und zwei Pfoten zuschneiden

TECHNIK

Maschine Papiereinlage

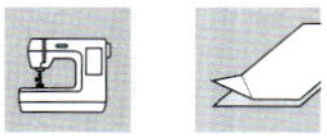

Seite 28

Die Nase und das zwinkernde Auge auf den Kopf sticken. Dann den Kopf und die übrigen Teile mit Papiereinlage applizieren. Die Konturen von Ohren und Pfoten sind mit Plattstich umstickt, um sie etwas zu betonen.

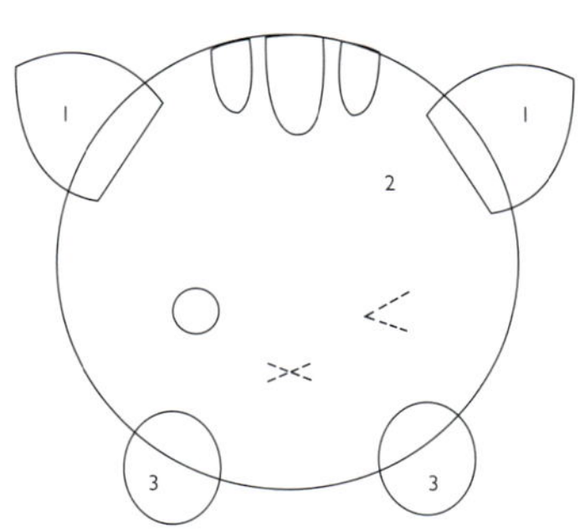

67 EULE MIT GROSSEN AUGEN

Die wachsame Eule wird aus einfachen Formelementen zusammengesetzt. Sie bietet sich an, um verschiedene gemusterte Stoffreste zu verwerten.

A B C D E

- A Einen Kopf zuschneiden
- B Einen Sitzplatz zuschneiden
- C Zwei äußere Augen zuschneiden
- D Zwei Flügel und zwei innere Augen zuschneiden
- E Zwei Ohren und einen Schnabel zuschneiden

TECHNIK

Maschine Aufgebügelt

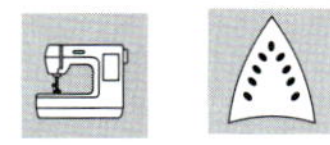

Seite 26

Den Kopf mit Kreuzstich oder einem anderen Zierstich nach Wahl aufnähen. Alle anderen Teile werden mit Langettenstich umstickt.

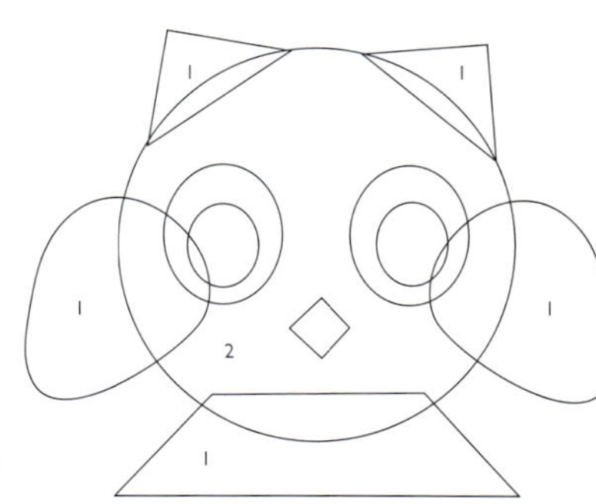

Tipp

Wer Zeit sparen will, kann Eule und Sitzplatz auch in einem Stück zuschneiden. Wie das aussieht, ist auf dem Foto auf Seite 91 zu sehen.

68 MONDGESICHT

Dieses niedliche Gesicht ist ganz leicht zu applizieren und sieht zauberhaft aus. Der wattierte Kopf hebt sich plastisch vom Untergrund ab.

A Zwei Kreise für den Kopf zuschneiden
B Zwei Ohren zuschneiden

TECHNIK

Maschine 3D

Seite 34

Nach der Anleitung auf Seite 34 vorgehen. Die Ohren mit Textilkleber aufkleben, das Maul aufsticken.

Zusätzliche Materialien

Zwei witzige Wackelaugen aufkleben.

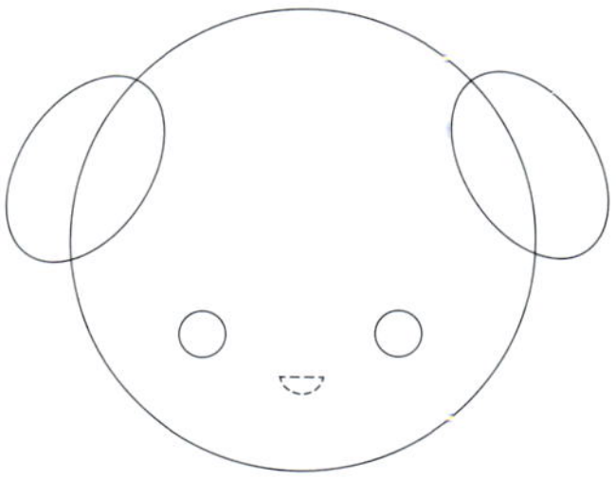

Tipp

Wer vergessen hat, beim Zusammennähen des Kopfes eine Öffnung zu lassen, kann zum Ausstopfen auch die Rückseite einschneiden (aber Vorsicht, nicht die Vorderseite beschädigen). Nach dem Füllen den Einschnitt von Hand zunähen.

69 KUCKUCK!

Diese originelle Applikation verbreitet gute Laune. Sie lässt sich leicht abwandeln, zum Beispiel mit einer der menschlichen Figuren aus dem vorigen Kapitel oder mit einem anderen Tier.

A Ein Rechteck zuschneiden
B Einen Kopf zuschneiden
C Ein langes Ohr und eine Pfote zuschneiden
D Ein äußeres Auge zuschneiden
E Eine Pupille zuschneiden

TECHNIK

Maschine Aufgebügelt

Seite 26

Alle Kanten mit Plattstich aufnähen.

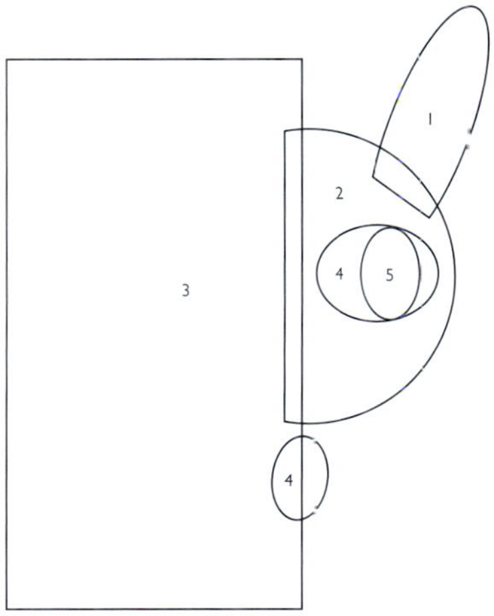

70 VERSTECKT

Diese kleine Maus könnte ebenso gut auch aus der Tasche einer Jeans spähen – ein entzückender Hingucker!

A B C

A Einen Halbkreis zuschneiden
B Einen Halbkreis als Kopf, zwei äußere Ohren und zwei Pfoten zuschneiden
C Zwei innere Ohren und zwei Augen zuschneiden

TECHNIK

Maschine

Aufgebügelt

Seite 26

Papiereinlage

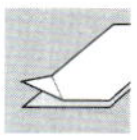

Seite 28

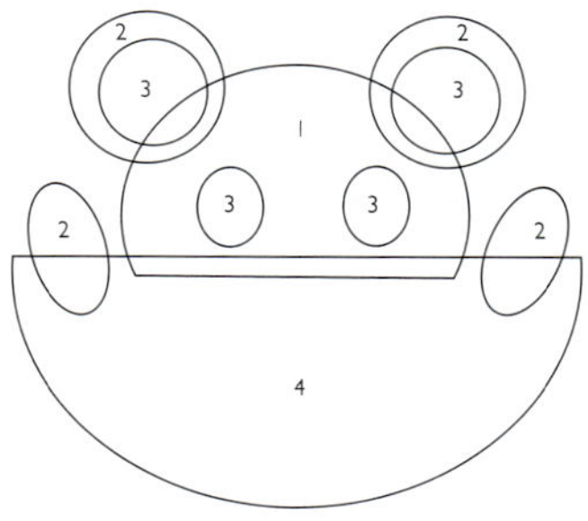

Zuerst alle Teile der Maus aufbügeln und mit Zickzackstichen aufsteppen. Danach den unteren Halbkreis mit Papiereinlage applizieren.

Zusätzliche Materialien

Zwei Wackelaugen aufkleben.

71 PANDABÄR

Diesem niedlichen Kerl mit dem großen Kopf, den runden Augen und der rosa Nase kann man einfach nicht widerstehen. Besonders kuschelig wird er, wenn man flauschige Stoffe verarbeitet.

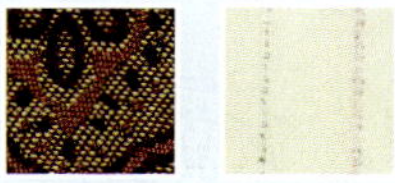

A B

A Zwei Pfoten, den äußeren Kopf und zwei Augen zuschneiden
B Einen Körper, zwei Ohren und den inneren Kopf zuschneiden

TECHNIK

Maschine

Aufgebügelt

Seite 26

Alle Teile aufbügeln und die Konturen mit Plattstich aufnähen. Die Nase dicht unter den Augen aufsticken.

Zusätzliche Materialien

Zwei Wackelaugen aufkleben. Auf den Bauch mit Glitzerkleber eine schillernde Blüte kleben.

Tipp

Auf den Bärenkörper kann man auch einen anderen runden Tierkopf aus diesem Kapitel setzen.

72 HÄSCHEN

Auch dieses lustige Häschen mit dem verspielten Zierstich und den Stoffblumen basiert auf einer ganz einfachen Kreisform.

A B C

A Einen Kopf zuschneiden
B Zwei Augen zuschneiden
C Vier Ohren zuschneiden

TECHNIK

Maschine Aufgebügelt 3D

Seite 26 Seite 34

Die Falttechnik für die plastischen Ohren wird auf Seite 36 genauer erklärt.

Zusätzliche Materialien
Zwei Wackelaugen und zwei Stoffblumen aufkleben.

73 KUSCHELWEICHES SCHAF

Das weiche Fell des Schäfchens wird aus Webpelz zugeschnitten. Das Motiv eignet sich prima für einen Bademantel oder ein Handtuch, sieht aber auch auf einem Sweatshirt oder einem Trägerkleid hübsch aus.

A B C

A Einen Körper zuschneiden
B Einen Kopf und zwei Beine zuschneiden
C Zwei Füße und zwei Ohren zuschneiden

TECHNIK

Maschine Aufgebügelt

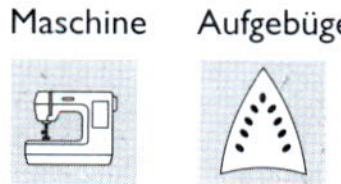

Seite 26

Alle Teile aufbügeln. Den Webpelz mit Zickzackstich aufnähen, den Kopf mit Geradstich. Die dreieckige Nase wird aufgestickt.

Tipp
Für Webpelz braucht man keine spezielle Nähnadel. Es empfiehlt sich aber, eine große Stichlänge einzustellen und nachher die Stofffasern mit einer Stecknadel unter den Stichen herauszuzupfen. Alternativ die Pelzfasern am Rand vor dem Nähen mit einer kleinen Schere stutzen.

74 ELEFANTENBABY

Der Körper dieses kleinen Elefanten wird unter den Hintergrund gelegt. Das Ohr wird aufgesetzt und mit einer Reihe von Zierstichen betont.

A **B**

A Ein Stück Stoff zuschneiden, das die gesamte Elefantenform gut abdeckt

B Ein Ohr zuschneiden

TECHNIK

Maschine Aufgebügelt Unterlegt

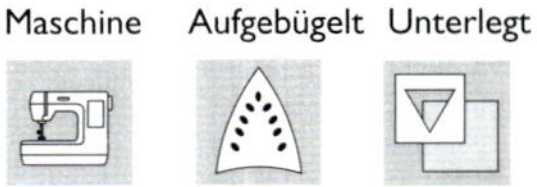

Seite 26 Seite 32

Die Konturen mit Geradstich aufsteppen. Das Ohr aufbügeln und ringsherum eine Reihe Maschinenzierstiche nähen.

Zusätzliche Materialien

Ein Wackelauge aufkleben.

75 EICHHÖRNCHEN

Das Eichhörnchen hat gerade eine leckere Eichel gefunden. Wer möchte, kann ihm noch Wackelaugen aufkleben.

A **B** **C** **D** **E**

A Einen Körper, einen Kopf und einen Schwanz zuschneiden

B Einen Arm und zwei Ohren zuschneiden

C Zwei Augen und zwei Füße zuschneiden

D Ein Eichel-Oberteil zuschneiden

E Eine Eichel zuschneiden

TECHNIK

Von Hand Unversäubert

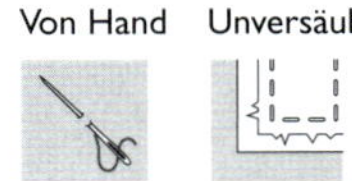

Seite 30

Alle sichtbaren Konturen von Eichhörnchen und Eichel mit Rückstich umsticken. Auch den Schnörkel auf dem Schwanz mit Rückstichen andeuten.

76 KLEINER KAUZ

Eulen gelten als weise, darum bietet sich dieses Motiv zum Verzieren von Buchhüllen an. Der niedliche Vogel ist erstaunlich schnell appliziert.

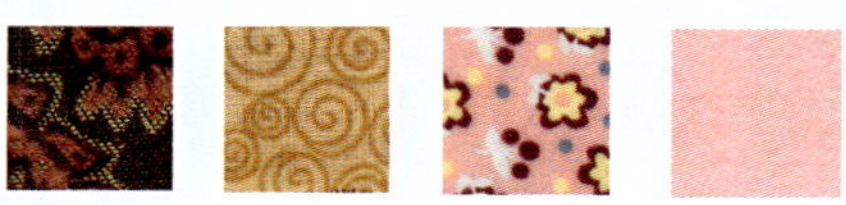

A Einen Körper zuschneiden
B Ein Gesicht zuschneiden
C Zwei Flügel und den unteren Körper zuschneiden
D Zwei kleine Augen und einen Schnabel zuschneiden

TECHNIK

Maschine

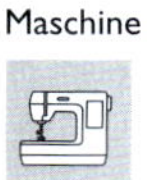

Aufgebügelt

Seite 26

Flügel, Augen und Schnabel werden mit Plattstich nachgenäht, alle anderen Teile mit Langettenstich.

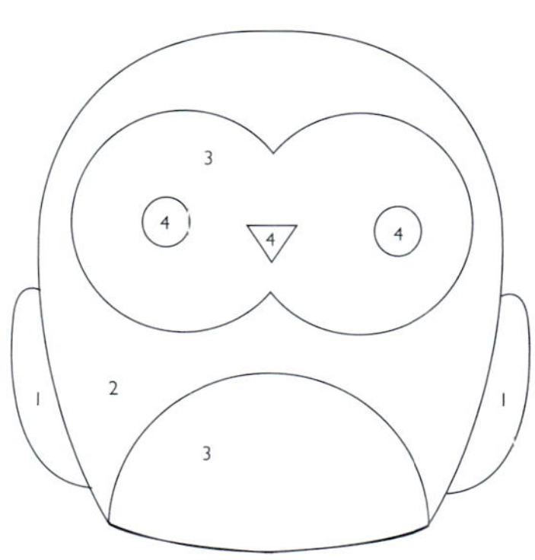

Projektidee

73 + 75

EINKAUFSTASCHEN

Simple Beuteltaschen aus Stoff werden mit einer Applikation zum ganz persönlichen Geschenk. (Das Schafmotiv ist auf Seite 97 und das Eichhörnchen auf der gegenüberliegenden Seite zu finden.)

77 KÜKEN AUF REISEN

Die beiden Küken aus Filz werden aufgebügelt, der Wagen ist mit einem Stück Borte verziert. Diese einfache Applikation ist im Handumdrehen fertig.

A Einen Wagen und zwei innere Augen zuschneiden
B Zwei Körper, zwei Köpfe und drei Schnabelteile zuschneiden
C Zwei Räder und zwei äußere Augen zuschneiden

TECHNIK

Aufgebügelt

Seite 26

Zusätzliche Materialien

Ein Stück Borte in der Länge des Wagens zuschneiden und aufkleben.

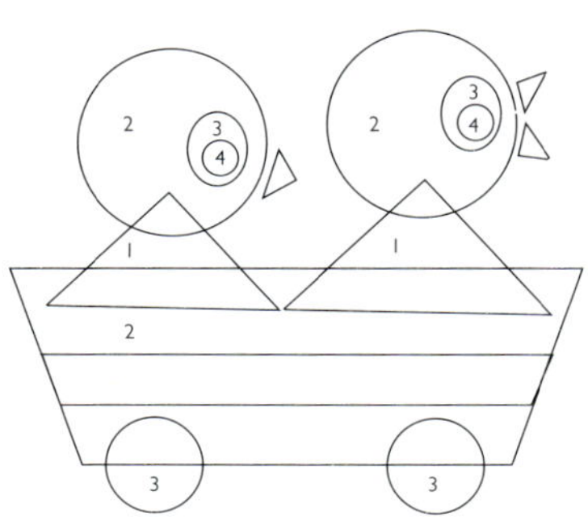

78 PINGUIN

Für Körper und Flügel des Pinguins wurde hier ein schwarz-weiß gemusterter Stoff verwendet. Natürlich kann man die Teile auch aus schlicht schwarzem Stoff zuschneiden.

A Einen Körper und zwei Flügel zuschneiden
B Die innere Körperform zuschneiden
C Zwei Augen zuschneiden
D Einen Schnabel und zwei Füße zuschneiden

TECHNIK

Maschine

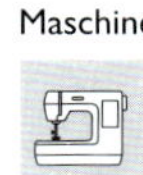

Aufgebügelt

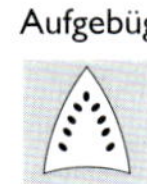

Seite 26

Alle Teile aufbügeln. Den Körper mit schmalem Zickzackstich aufnähen, die Flügel mit Plattstich. Die Kontur des inneren Körpers mit Rückstich aufsticken, dabei auch einen Stich über den Schnabel sticken.

79 SCHLÄFRIGER TEDDY

Der Teddy mit dem verschlafenen Gesicht wird rings-herum mit Plattstich aufgenäht und mit einfachen Stick-stichen verziert. Ein schönes Motiv für eine Wolldecke oder einen Schlafanzug.

A

B

A Ein Gesicht zuschneiden

B Einen Oberkopf zuschneiden

TECHNIK

Maschine Aufgebügelt

Seite 26

Beide Teile aufbügeln und mit Plattstich aufnähen. Augen und Mund mit kleinen Stichen auf-sticken.

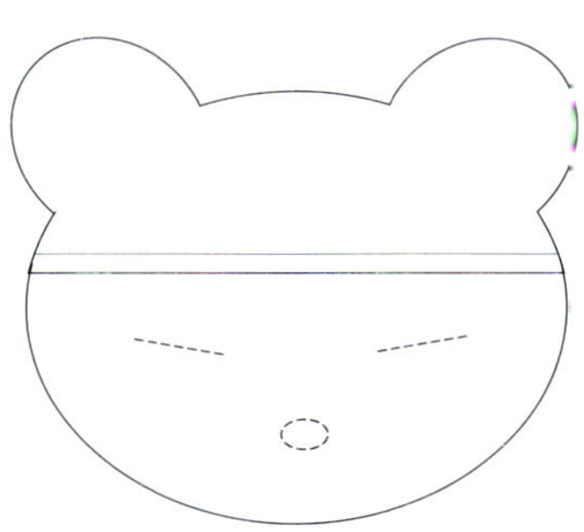

Zusätzliche Materialien

Zwei Stoffschleifen aufkleben.

Projektidee

76 + 77

LÄTZCHEN

Niedliche Tierkinder sind eine zauber-hafte Verzierung für Geschenke für kleine Kinder. Die Vorlagen für diese Eule und die beiden Küken sind auf Seite 99 und 100 zu finden.

80 GIRAFFE

Die kleine Giraffe, die hier so stolz den langen Hals reckt, ist schnell und einfach zu applizieren. Wer möchte, kombiniert sie mit den Baummotiven von Seite 68, um ihr einen passenden »Lebensraum« zu bieten.

A

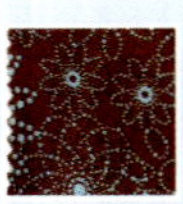

B

A **Eine Giraffenform zuschneiden**
B **Ein Ohr zuschneiden**

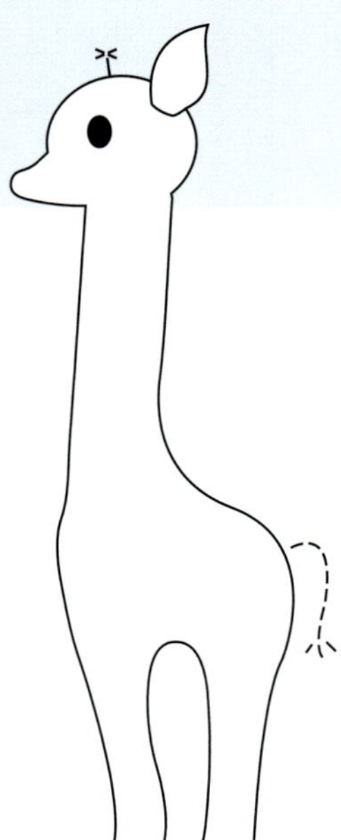

TECHNIK

Von Hand

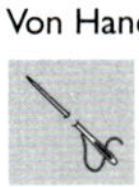

Aufgebügelt

Seite 26

Zuerst den Körper aufbügeln und aufnähen, dann das Ohr aufbügeln. Die Konturen von Stoff A mit umschlungenem Rückstich betonen. Das Horn mit einem Geradstich und drei oder vier Knötchenstichen andeuten. Als Schwanz eine gebogene Linie in umschlungenem Rückstich sticken. Zum Schluss das Auge aufsticken.

81 SCHILDKRÖTE

Der Körper der Schildkröte wird durch Stickerei in Kontrastfarben betont. Der Panzer wird mit der Nähmaschine in Plattstich aufgenäht.

A

B

A **Einen Panzer zuschneiden**
B **Einen Körper zuschneiden**

TECHNIK

Maschine

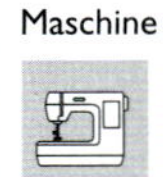

Von Hand

Aufgebügelt

Seite 26

Hier werden Hand- und Maschinenstickerei kombiniert. Zuerst beide Teile auf den Hintergrundstoff bügeln. Den Panzer mit Plattstich aufnähen. Die Körperkontur mit umschlungenem Vorstich betonen (siehe Seite 41). Das Auge in einfachem Rückstich aufsticken.

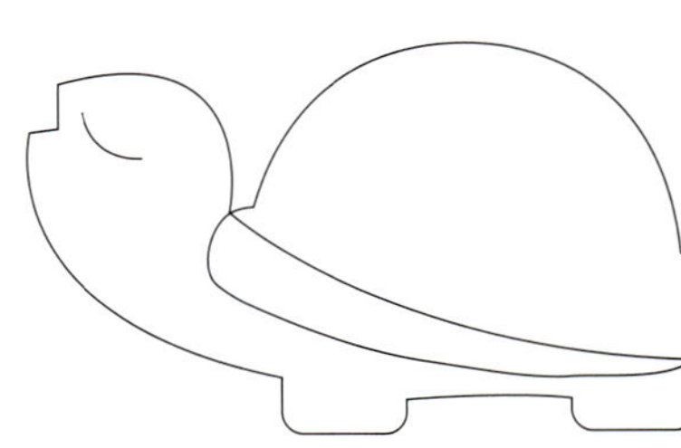

82 PFOTENABDRUCK

An diesem Motiv wird im Technik-Kapitel das Aufbügeln erklärt (siehe Seite 26–27). Die einfachen Formelemente eignen sich gut, um verschiedene Maschinen- und Handstiche zu üben.

A

A Ein Mittelteil und vier Zehen zuschneiden

TECHNIK

Von Hand

Unversäubert

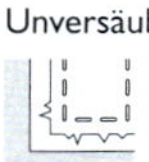

Seite 30

Das Mittelteil mit Vorstich aufnähen, die Zehen mit umschlungenem Vorstich.

Kombi-Spaß

70 + 77

VÖGEL IM GARTEN

Die Vorlage von Motiv 70 wird hier für das Nest verwendet, in dem ein Vogel von Seite 100 sitzt. Der fliegende Vogel wird in mehreren Lagen appliziert (siehe Seite 24–25).

68 + 97

ÜBERRASCHUNGS-EISTÜTE

Aus Kreisformen kann man fast alles machen – Tiergesichter, Eiskugeln oder beides. Ein witziges Motiv für eine Grußkarte oder einen Buchumschlag, das mit Wackelaugen noch origineller wirkt.

MOTIVE 83–102

ZUM ANBEISSEN

Frühstück, frisches Obst, Sushi, Kuchen oder Süßigkeiten, was darf es sein? Die folgenden Motive regen bestimmt den Appetit an. Sie eignen sich großartig als Dekoration für eine Picknickdecke oder einen Einkaufsbeutel. Auch auf Tischsets sehen sie ausgesprochen appetitlich aus.

83 ZITRONENFRISCH

Schon der Anblick dieser Zitronenscheibe sieht erfrischend aus. Ändert man die Farben, ergibt sich eine Orange, eine Limette oder eine Grapefruit.

A **B** **C**

A Einen großen Halbkreis zuschneiden
B Einen kleinen Halbkreis zuschneiden
C Drei Zitronensegmente zuschneiden

TECHNIK

Von Hand Maschine Papiereinlage

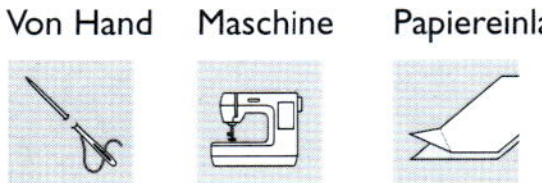

Seite 28

Der große Halbkreis wird mit Papiereinlage appliziert. Dann die drei Segmente von Hand auf den kleinen Halbkreis nähen und diesen auf den großen Halbkreis kleben.

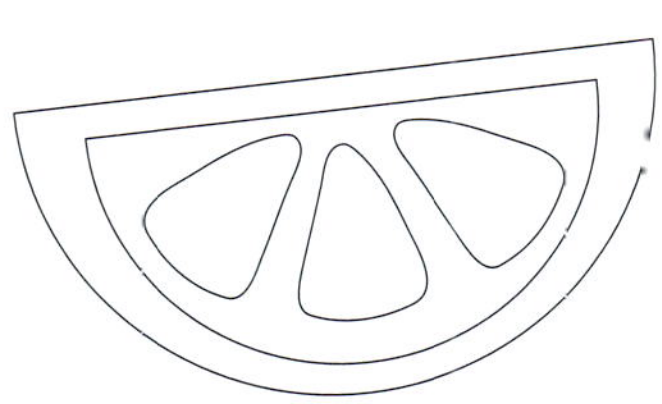

84 EIS AM STIEL

So ein leckeres Erdbeereis passt auf eine Kühltasche, aber auch auf Küchentextilien oder Picknick-Utensilien.

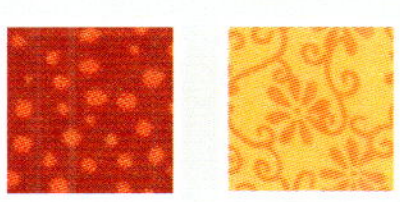

A **B**

A Ein Eis zuschneiden
B Einen Stiel zuschneiden

TECHNIK

Maschine Aufgebügelt Papiereinlage

Seite 26 Seite 28

Die Kontur des Stiels mit Plattstich nachnähen.

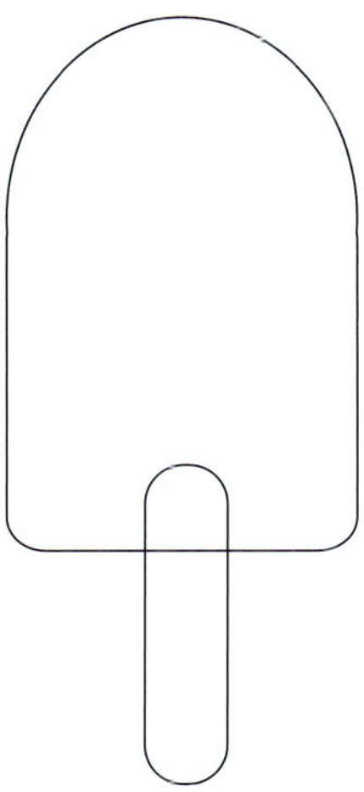

85 BESTECK

Die unterlegten Besteckformen passen gut auf eine Tischdecke oder auf kleinere Platzdeckchen. Sets lassen sich leicht reinigen, wenn man sie aus Wachstuch näht.

A

A Ein Stück Stoff zuschneiden, das beide Besteckformen gut abdeckt

TECHNIK

Maschine **Unterlegt**

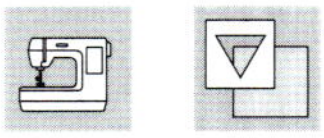

Seite 32

Die Konturen mit Geradstich oder einem schmalen Zierstich nachnähen.

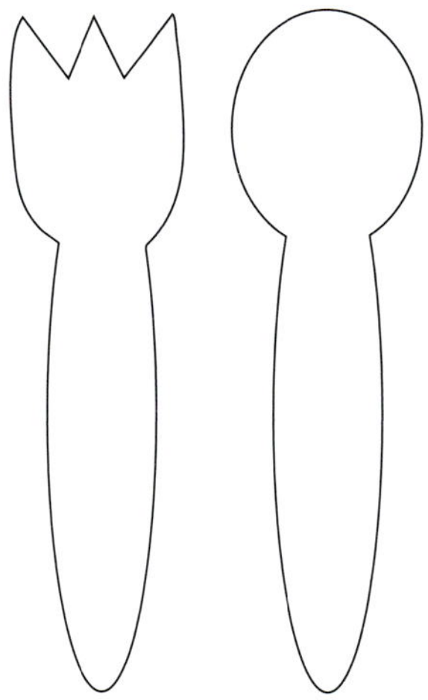

86 GEBURTSTAGSKUCHEN

Ein fröhlich-festliches Motiv, bei dem verschiedene Techniken und Gestaltungsmöglichkeiten zum Einsatz kommen: Papiereinlage, Bügelvlies, aufgeklebte Borten und glänzende Pailletten.

A **B**

A Einen Kuchen und drei Flammen zuschneiden
B Drei Rechtecke für die Kerzen zuschneiden

TECHNIK

Maschine **Aufgebügelt** **Papiereinlage**

Seite 26 Seite 28

Den Kuchen mit Papiereinlage applizieren, die Kerzen und Flammen aufbügeln. Die Grenze zwischen Oberfläche und Seiten des Kuchens mit einer schmalen Zickzacknaht andeuten.

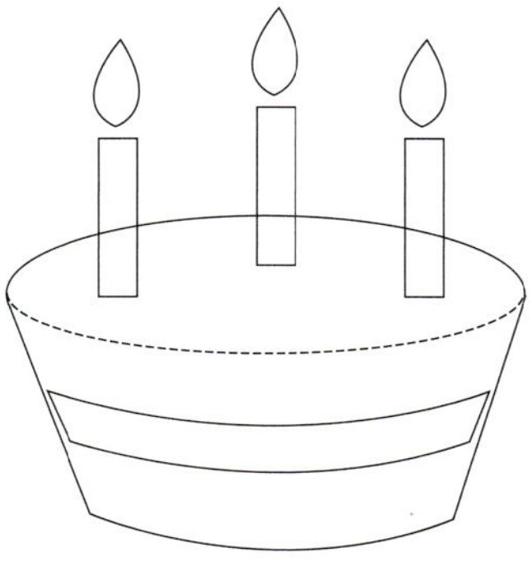

Zusätzliche Materialien

Zackenlitze als »Cremeschicht« aufkleben. Am oberen Rand eine Reihe Pailletten mit kleinen Perlen aufnähen.

87 SUSHI

Das Sushi-Motiv wird aus Filz zugeschnitten und mit Plattstich aufgenäht.

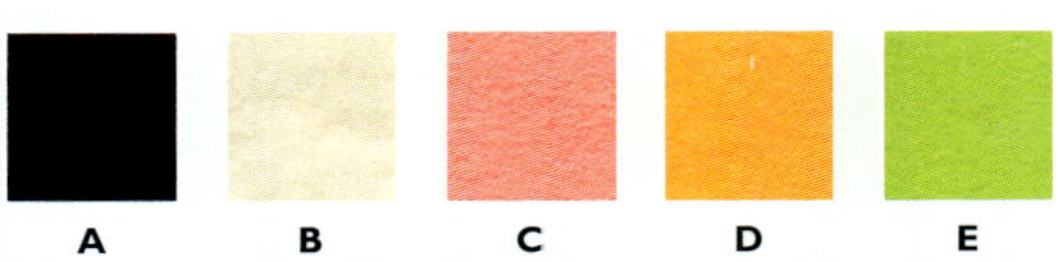

- A Eine äußere Form zuschneiden (Nori)
- B Einen inneren Ring zuschneiden (Reis)
- C Ein inneres Segment zuschneiden
- D Ein inneres Segment zuschneiden
- E Ein inneres Segment zuschneiden

TECHNIK

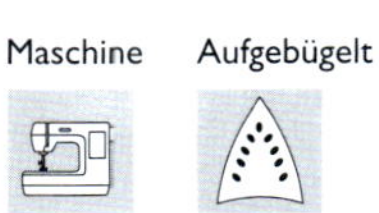

Seite 26

Stoffe in passenden Farben wählen. Alle Teile aufbügeln und mit Plattstich aufnähen.

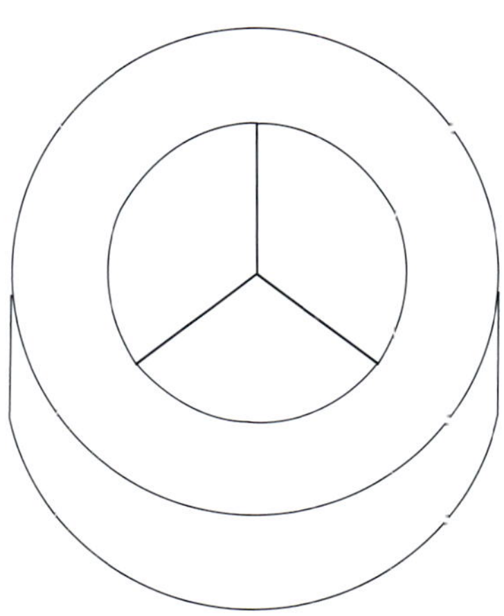

88 BONBONS

Die Bonbonformen werden mit der Zackenschere ausgeschnitten. Ein schönes Geschenk für liebe Freunde oder Verwandte.

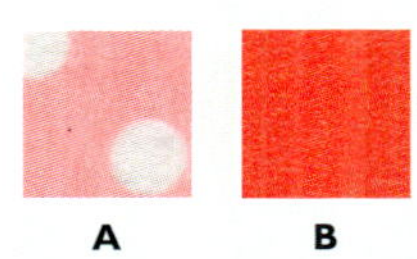

- A Eine Bonbonform ausschneiden
- B Eine Bonbonform ausschneiden

TECHNIK

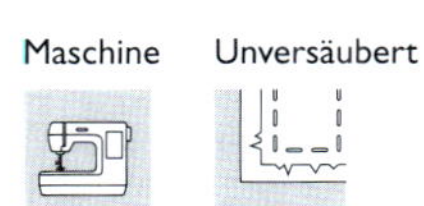

Seite 30

Die Teile mit der Zackenschere zuschneiden und knappkantig mit der Nähmaschine aufsteppen.

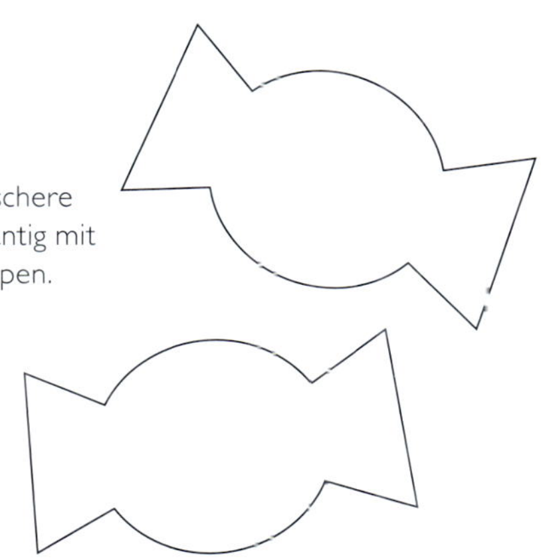

89 KNOPFERDBEERE

Die Erdbeere sieht einfach zum Anbeißen aus. Viele Knöpfe in Rottönen geben ihr eine plastische Wirkung und eine interessante Oberfläche.

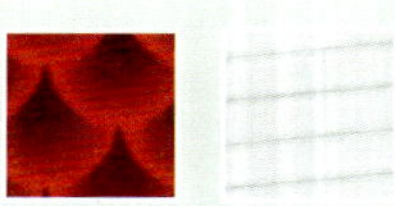

A B

A Eine Beerenform ausschneiden
B Kelchblätter mit Stiel ausschneiden

TECHNIK

Maschine

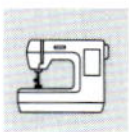

Aufgebügelt

Seite 26

Alle Kanten mit Plattstich aufnähen.

Zusätzliche Materialien

Kleine Knöpfe in verschiedenen Rottönen dicht an dicht aufkleben.

90 APFEL

Das hübsche Apfelmotiv wird teilweise mit Papiereinlage gearbeitet und teilweise aufgebügelt.

A B C

A Einen Apfel zuschneiden
B Eine innere Apfelhälfte zuschneiden
C Einen Stiel und drei Kerne zuschneiden

TECHNIK

Maschine

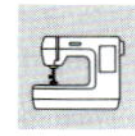

Aufgebügelt

Seite 26

Papiereinlage

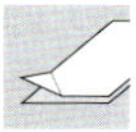

Seite 28

Zuerst den Stiel aufbügeln. Dann die äußere und die innere Form mit Papiereinlage applizieren. Zum Schluss die Kerne aufbügeln.

Tipp

Wer lieber Kirschen mag, schneidet zwei Apfelformen zu und appliziert sie nebeneinander. Dann Stiel und Blatt hinzufügen (siehe Tasche auf Seite 122).

91 SAFTIGE BIRNE

Die hübsche, rundliche Birne würde sich auf einer Tischdecke oder einer Serviette gut machen. Das Applizieren ist ganz einfach.

A Eine Birne zuschneiden
B Einen Innenteil zuschneiden
C Einen Stiel und zwei Kerne zuschneiden

TECHNIK

Aufgebügelt

Seite 26

Alle Teile aufbügeln.

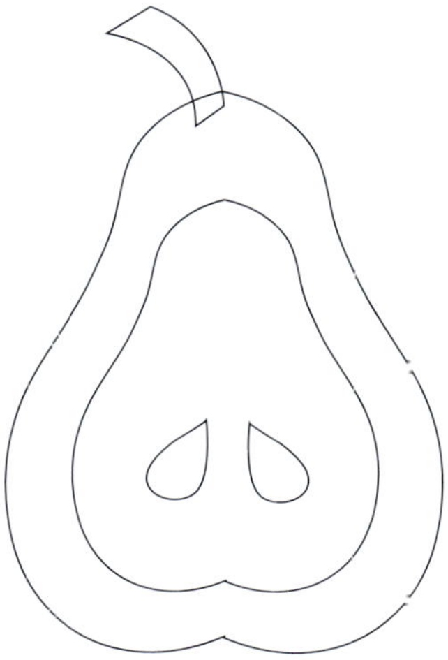

Tipp
Dunkle Hintergrundstoffe können durch die Applikation schimmern. Um das zu verhindern, bügelt man auf den helleren Stoff eine Schicht weiches Einlagematerial.

92 WASSERMELONE

Wer seine Küchentextilien »fruchtig« aufpeppen möchte, könnte die Wassermelone mit der Birne (Motiv 91) und dem Apfel (Motiv 90) kombinieren.

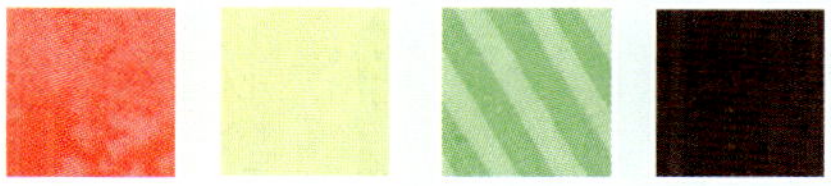

A Eine kleine Melonenscheibe zuschneiden
B Eine mittlere Melonenscheibe zuschneiden
C Eine große Melonenscheibe zuschneiden
D Drei Kerne zuschneiden

TECHNIK

Maschine | Aufgebügelt | Papiereinlage

Seite 26 | Seite 28

Die drei Halbkreise mit Papiereinlage applizieren. Dann die drei Kerne aufbügeln.

93 TÖRTCHEN

Mit hübschen Verzierungen lässt sich das Törtchen verschiedenen festlichen Anlässen anpassen. Das süße Motiv ist eine schöne Erinnerung an einen Festtag.

A B C

A Ein Unterteil zuschneiden
B Ein Oberteil zuschneiden
C Eine Kerze und eine Flamme zuschneiden

TECHNIK

Maschine Aufgebügelt

Seite 26

Alle Teile mit Plattstich in passenden Garnfarben umsticken. Die Form des Kuchens mit fünf schrägen Rückstichreihen andeuten.

Zusätzliche Materialien
Eine Stoffblume aufkleben und einen Knopf in der Mitte aufnähen.

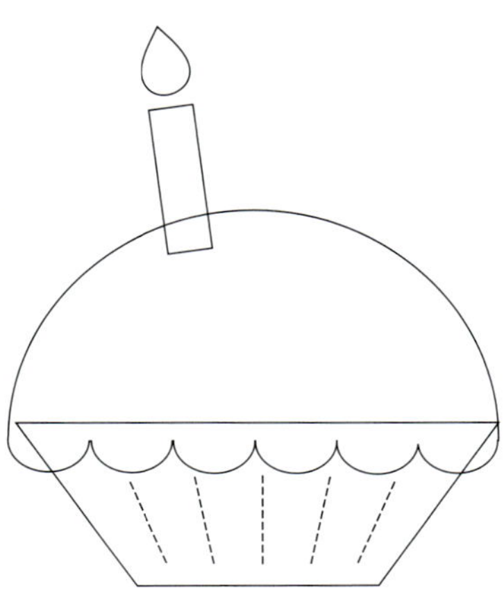

94 SÜSSER HAPPEN

Der Kuchen mit dem rosa Zuckerguss ist mit bunten »Streuseln« aus Knöpfen garniert. Perlen sind für diesen Zweck ebenfalls geeignet.

A B

A Ein Unterteil zuschneiden
B Ein Oberteil zuschneiden

TECHNIK

Maschine Aufgebügelt

Seite 26

Die Kanten mit einem dekorativen Stich nachnähen.

Zusätzliche Materialien
Kleine Knöpfe locker verteilt mit transparentem Garn aufnähen.

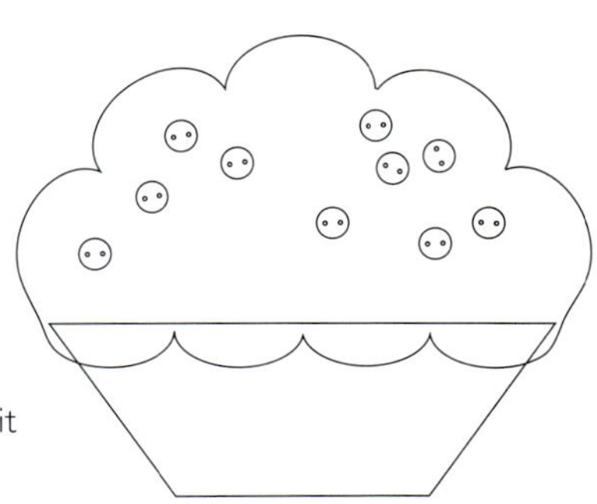

95 ZUCKERWATTE

Ist es Zuckerwatte oder Softeis? Ganz nach Belieben – auf jeden Fall hat diese Leckerei keine Kalorien!

A **B**

A Einen Becher zuschneiden
B Eine Füllung zuschneiden

TECHNIK

Von Hand · Maschine

Den Becher mit der Maschine in Plattstich aufnähen, die Füllung von Hand mit Langettenstich. Die drei Querrillen des Bechers mit Rückstichreihen andeuten.

96 EISBECHER

Von so einer Portion Eis in verschiedenen Farben und Geschmacksrichtungen wird jeder Eiscreme-Fan begeistert sein.

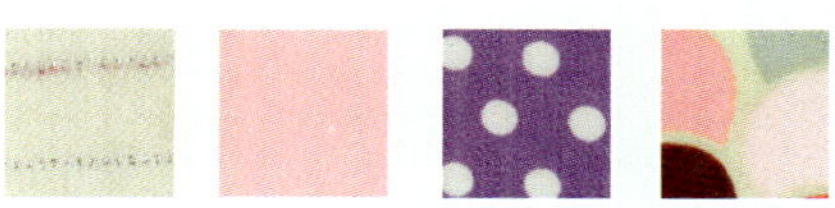

A **B** **C** **D**

A Eine Schale zuschneiden
B Eine Kugel Eis zuschneiden
C Eine Kugel Eis zuschneiden
D Eine Kugel Eis zuschneiden

TECHNIK

Maschine · Aufgebügelt

› Seite 26

Alle Konturen mit Plattstich in passenden Garnfarben nachnähen.

Zusätzliche Materialien

Wer möchte, klebt Glitzersteine oder Knöpfe als »Streusel« auf.

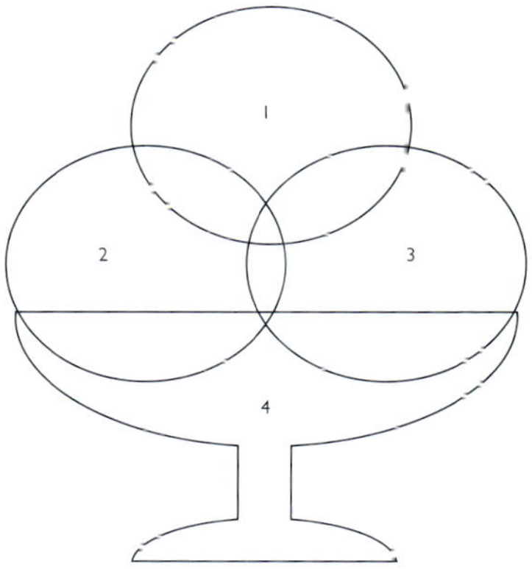

97 EISTÜTE

Zwei Kugeln Eis sind besser als eine! Mit den glitzernden Pailletten-Streuseln sieht dieses Eis wirklich sehr verführerisch aus.

A

B

C

A Eine dreieckige Eistüte zuschneiden
B Eine Kugel Eis zuschneiden
C Eine Kugel Eis zuschneiden

TECHNIK

Maschine

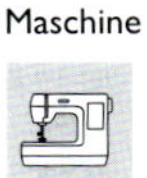

Aufgebügelt

Seite 26

Alle Konturen mit Langettenstich aufnähen. Auf die Eistüte drei Linien im Rückstich sticken.

Zusätzliche Materialien

Auf einer Eiskugel locker verteilt einige Pailletten mit je einer Perle festnähen.

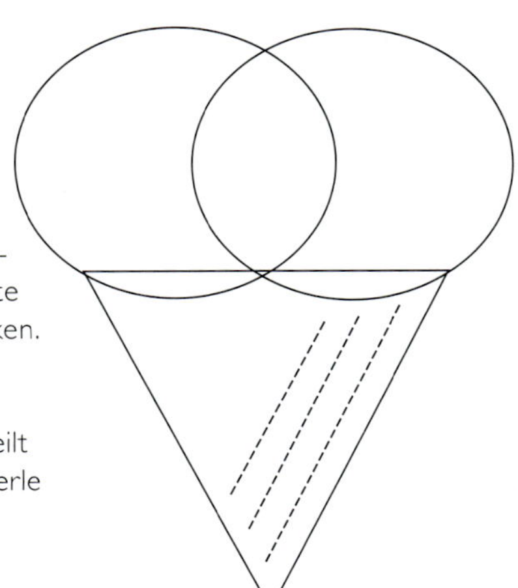

98 TEEKANNE

Die Kanne mit dem niedlichen Kirschenmuster ist mit Vlies unterlegt, damit sie schön füllig wirkt. Zusammen mit der Teetasse (rechts) würde sie hübsch auf einem traditionellen Kannenwärmer aussehen.

A

A Eine Teekanne zuschneiden

TECHNIK

Maschine

3D-Motiv

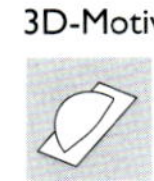

Seite 34

Alle Konturen und die Motivlinien mit Plattstich nachsticken.

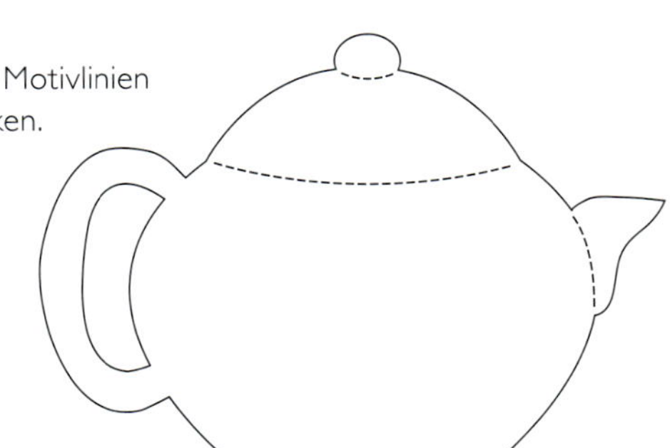

99 TEETASSE

Für hübsche Sets zur Teestunde könnte man solche Tassen mit den kleinen Kuchen (Motiv 93 und 94) kombinieren. Guten Appetit!

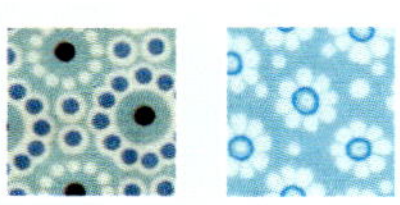

A **B**

A Einen Halbkreis als Tasse zuschneiden

B Einen Fuß und einen Griff zuschneiden

TECHNIK

Maschine Aufgebügelt

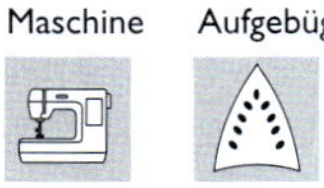

Seite 26

Zusätzliche Materialien

Unterhalb des Tassenrandes ein Stück Borte in passenden Farben aufbügeln.

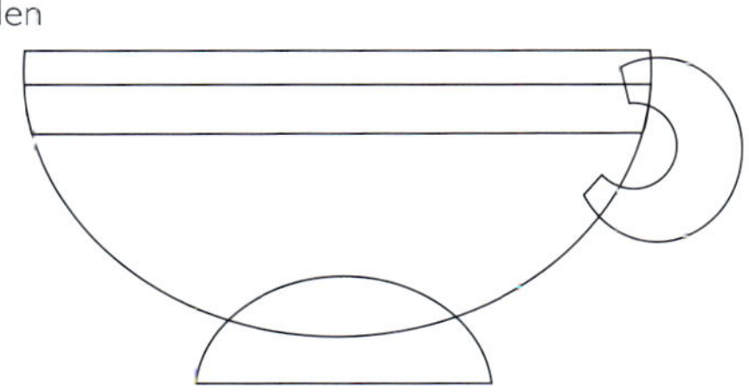

100 GESCHÜTTELT, NICHT GERÜHRT

Jedem sein Lieblingscocktail. Wenn er Kohlensäure enthält, könnte man einige Pailletten als Bläschen aufnähen.

A **B** **C**

A Ein Cocktailglas zuschneiden

B Ein Oval für das Getränk zuschneiden

C Eine Orangenscheibe zuschneiden

TECHNIK

Maschine Aufgebügelt

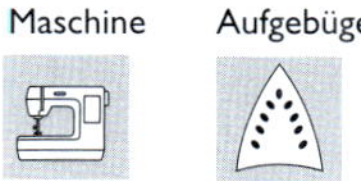

Seite 26

Alle Teile aufbügeln. Den Glasrand durch eine Reihe Plattstich andeuten.

101 TOAST

Für dieses einfache Design werden Stoffe in Braun und Beige verwendet. Man könnte es mit anderen Motiven kombinieren, um eine Frühstückstischdecke zu verzieren.

A B

A Die äußere Rinde zuschneiden
B Das Innere zuschneiden

TECHNIK

Maschine Aufgebügelt

Seite 26

Die Konturen mit Garn in passenden Farben aufnähen – an der Kruste im Plattstich, am Inneren im Langettenstich.

102 SPIEGELEI

Zum Sonntagsfrühstück gehört ein Ei. Dieses wird aus Filz in Gelb oder Orange und Weiß zugeschnitten und auf einen fröhlich getupften Hintergrund appliziert.

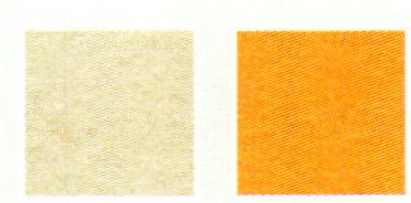

A B

A Ein Eiweiß zuschneiden
B Einen Teller und ein Eidotter zuschneiden

TECHNIK

Maschine Aufgebügelt

Seite 26

Teller und Eidotter mit Plattstich aufnähen, das Eiweiß mit Langettenstich.

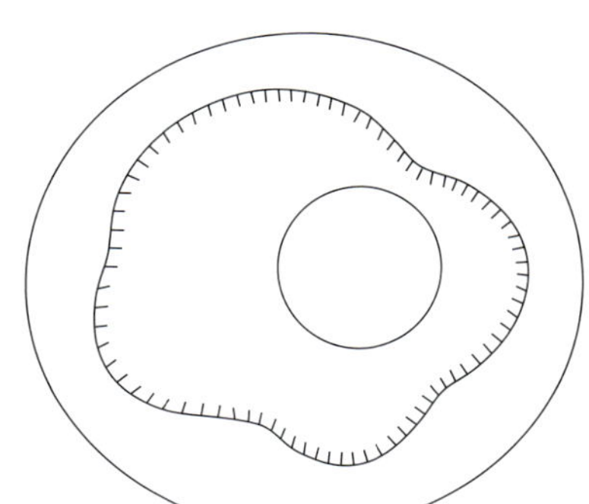

103 SÜSSE TRÄUME

Der eine träumt vom Liebsten, der andere von einem Kuchen. Der Inhalt dieser Denkblasen ist eine ganz persönliche Angelegenheit. Jeder kann selbst bestimmen, welche Träume und Gedanken hier verraten werden.

A **B** **C**

- A Eine Sprechblase, ein großes und zwei kleine Ovale zuschneiden
- B Ein Herz und ein Kuchen-Oberteil zuschneiden
- C Ein Kuchen-Unterteil zuschneiden

TECHNIK

Von Hand

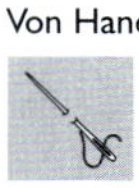

Aufgebügelt

Seite 26

Unversäubert

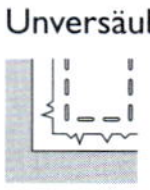

Seite 30

Alle Teile aufbügeln. Die Konturen der weißen Teile im Rückstich in einer dunklen Garnfarbe nachsticken.

Kombi-Spaß

101 + 102

FRÜHSTÜCKSTELLER

Toast und Ei auf einem blau-weißen Teller ergeben ein leckeres Frühstück!

94 + 96

DESSERT ZUM TRÄUMEN

Das Oberteil vom Kuchen (Motiv 94) passt auch in die Schale von Motiv 96. Eine Handvoll Pailletten machen das Dessert absolut verführerisch.

KAPITEL VIER

Wer etwas geübter im Applizieren ist, möchte nun bestimmt größere Projekte ins Auge fassen. Darum werden auf den folgenden Seiten einige Beispiele vorgestellt. Ein Buch bekommt eine hübsche Hülle, ein T-Shirt wird mit einem Kätzchen oder Eichhörnchen verziert, Blüten werden zum Schmuck für eine Mütze und sogar für einen Schuh. Alle Projekte sind Schritt für Schritt erklärt, und Fotos zeigen die fertigen Ergebnisse.

PROJEKTE

BUCHHÜLLEN

GLAMOUR GIRL

Aufgenähte Applikationen müssen angebracht werden, bevor die Buchhülle um das Notizbuch geklebt wird. Wie es geht, wird auf der Seite gegenüber genauer erklärt.

MEHR IDEEN

Man könnte dieser jungen Dame einen Partner zur Seite stellen. Vielleicht mag sie ja den Sportler von Seite 76?

MATRIJOSCHKA

Die Hülle eines privaten Notizbuchs darf gern etwas über den Besitzer verraten – zum Beispiel, indem sie mit einem Motiv in den Lieblingsfarben verziert ist.

MEHR IDEEN

Wovon träumt die Matrijoschka gerade? Eine Sprechblase (siehe Seite 115) mit einem Bild ihrer Gedanken könnte es verraten.

TECHNIK

Aufgebügelte Applikation

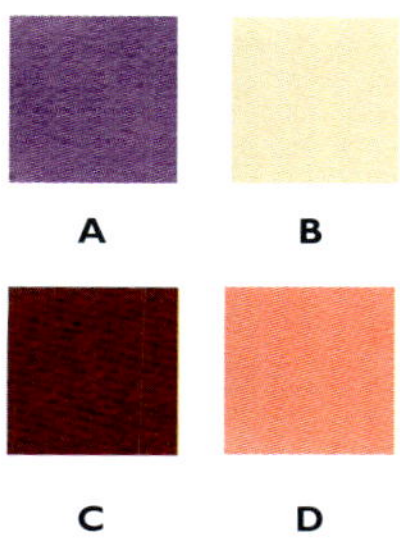

A Ein Oval zuschneiden
B Ein Gesicht zuschneiden
C Die Haare zuschneiden
D Zwei Hände zuschneiden

MATERIAL

- Notizbuch mit festem Einband
- Stoff (ringsherum mindestens 2,5 cm größer als das aufgeschlagene Buch)
- Applikationsstoffe
- Spitze oder Borte
- Stoffblume
- Glitzersteinchen oder Knopf

Vorlage
Matrijoschka auf Seite 81

SO WIRD ES GEMACHT

1 Den Stoff bügeln, um Fältchen zu entfernen.
2 Das Buch aufschlagen und auf den Hauptstoff legen. Den Stoff so abschneiden, dass er ringsherum 2,5 cm über das Buch hinaussteht. Die Ecken schräg abschneiden.
3 Den Stoff auf links drehen, das Buch aufgeschlagen in die Mitte legen.
4 Eine Seitenkante des Stoffs nach innen über den Buchdeckel falten und festkleben. Auf der anderen Seite wiederholen. Den Stoff nicht zu stramm ziehen, sonst lässt sich das Buch nicht mehr zuklappen.
5 Die Seiten in der Mitte hochhalten und den Stoff in der oberen Mitte bis 0,5 cm vor den Buchrücken einschneiden. In der unteren Mitte wiederholen.
6 Jetzt den Stoff an Ober- und Unterseiten des Bucheinbands umschlagen und festkleben.
7 Augen und Mund auf das Gesicht sticken, dann die Teile der Applikation auf die Vorderseite der Buchhülle bügeln.
8 Die Stoffblume aufkleben, in die Mitte einen Glitzerstein kleben.
9 Spitze oder Borte zur Verzierung aufkleben.

TECHNIK

Aufgebügelt und von Hand genäht

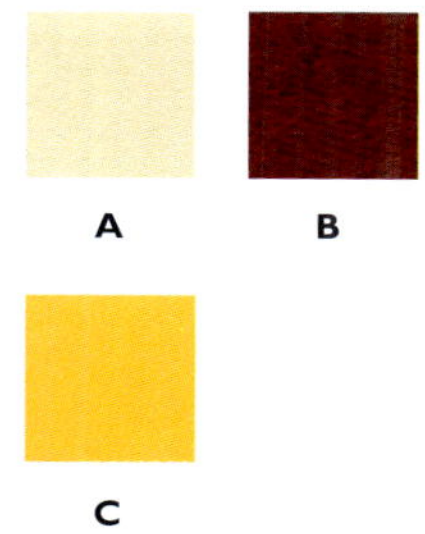

A Alle Körperteile zuschneiden: Kopf, Hals, Arme und Beine (Motiv 36)
B Die Haare zuschneiden (Motiv 38)
C Das Kleid zuschneiden (Motiv 38)

MATERIAL

- Notizbuch mit festem Einband
- Stoff (ringsherum mindestens 2,5 cm größer als das aufgeschlagene Buch)
- Applikationsstoffe
- Spitze oder Borte
- Stoffblume
- Glitzersteinchen oder Knopf
- Blumen-Pailletten oder andere Dekorationen
- Fünf kleine Glitzersteine

Vorlagen
Mädchen im roten Kleid auf Seite 76
Tanz mit Schmetterlingen auf Seite 77

SO WIRD ES GEMACHT

1 Den Stoff bügeln, um Fältchen zu entfernen.
2 Das Buch aufschlagen und auf den Hauptstoff legen. Den Stoff so abschneiden, dass er ringsherum 2,5 cm über das Buch hinaussteht. Die Ecken schräg abschneiden.
3 Die Stoffseite für die Vorderseite des Buchs mit Schneiderkreide oder Bleistift markieren. Augen und Mund auf das Gesicht sticken, dann die Teile auf den Hintergrundstoff bügeln. Die Kontur des Kleides im Rückstich nachsticken.
4 Die Glitzersteine als Blüte auf die Haare kleben. Die Borte und die Blütenpailletten oder andere Verzierungen aufkleben.
5 Den Stoff auf links drehen, das Buch aufgeschlagen in die Mitte legen.
6 Eine Seitenkante des Stoffs nach innen über den Buchdeckel falten und festkleben. Auf der anderen Seite wiederholen. Den Stoff nicht zu stramm ziehen, sonst lässt sich das Buch nicht mehr zuklappen.
7 Die Seiten in der Mitte hochhalten und den Stoff in der oberen Mitte bis 0,5 cm vor den Buchrücken einschneiden. In der unteren Mitte wiederholen.
8 Jetzt den Stoff an Ober- und Unterseiten des Bucheinbands umschlagen und festkleben.

SHIRTS & CO

MIAU!

Das niedliche Kätzchen macht aus einem gewöhnlichen Top ein Unikat. Der Applikationsstoff sollte sich vom Hintergrund gut abheben und mit Garn in der Farbe des Tops aufgenäht werden.

MEHR IDEEN

Auf die Innenseite des Shirts oder Tops weiche Einlage bügeln, damit sich der Stoff beim Nähen nicht dehnt, wellt oder anders verzieht.

SHIRT MIT EICHHÖRNCHEN

Das putzige Eichhörnchen passt am besten auf ein T-Shirt in Waldgrün. Am liebsten mag es Eicheln, aber man könnte ihm auch den kleinen Kuchen anbieten, der auf dem roten Shirt zu sehen ist.

MEHR IDEEN

Wenn das Eichhörnchen hungrig aussieht, freut es sich vielleicht über ein paar zusätzliche Eicheln, die locker verstreut appliziert werden. Ist das Shirt für ein Kind, sollten die Augen lieber aufgenäht werden, damit sie besser halten.

MEHR IDEEN

Wie wäre es mit einem neuen Look für eine alte Jeans? Dafür die Vorlage mit der Katze an ein Fenster halten und die Rückseite nachzeichnen. So erhält man ein spiegelverkehrtes Motiv. Nun kann man beide Katzen ausschneiden und auf die hinteren Taschen der Jeans applizieren. Damit sich die Motive beim Waschen nicht lösen, ist es ratsam, Textilien mit Applikationen ganz vorsichtig – wenn möglich, mit der Hand – zu waschen.

TECHNIK

Aufgebügelt und von Hand gestickt

A

A Eine Katze zuschneiden

MATERIAL

- Top oder T-Shirt
- Applikationsstoff nach Wahl
- Haftvlies
- Stickgarn

Vorlage

Kätzchen auf Seite 87

SO WIRD ES GEMACHT

1 Das T-Shirt waschen.

2 Die Vorlage (Seite 87) auf den Applikationsstoff übertragen und ausschneiden.

3 Das Motiv auf die Vorderseite des Shirts legen.

4 Das Motiv mit Haftvlies aufbügeln.

5 Die Kontur ringsherum mit Langettenstich festnähen.

6 Die Applikation bügeln, damit sie sich an den Unterstoff schmiegt.

7 Augen und Nase der Katze mit kleinen, überkreuzten Geradstichen aufsticken.

TECHNIK

Aufgebügelt und mit der Maschine in Plattstich aufgenäht

A

B

C

D

E

A Einen Kopf, einen Schwanz und einen Körper zuschneiden

B Zwei Ohren und einen Arm zuschneiden

C Zwei Augen und zwei Füße zuschneiden

D Einen Halbkreis als Oberteil der Eichel zuschneiden

E Einen Halbkreis als Unterteil der Eichel zuschneiden

MATERIAL

- Stoff nach Wahl
- T-Shirt

Vorlage

Eichhörnchen auf Seite 98

Eichel auf Seite 67

SO WIRD ES GEMACHT

1 Das T-Shirt waschen und bügeln.

2 Die Vorlage kopieren und die Teile zuschneiden.

3 Das Motiv auf der Vorderseite des Shirts arrangieren.

4 Die Motivteile mit Haftvlies auf dem T-Shirt befestigen.

5 Alle sichtbaren Konturen mit der Maschine mit Plattstich nachnähen – ausgenommen die Augen.

6 Den Schnörkel im Schwanz des Eichhörnchens ebenfalls mit Plattstich aufsteppen.

7 Den Mund mit kleinen Rückstichen auf das Gesicht sticken

ACCESSOIRES

SCHICKE MÜTZE

Eine plastische Stoffblume verblüht nie und eignet sich zum Aufpeppen vieler Textilien. Sie muss zweimal zugeschnitten werden – einmal für die Vorderseite und einmal für die Rückseite.

MEHR IDEEN

Die Konturen der Kirschen können mit aufgeklebten Glitzersteinen oder Perlen betont werden. Man könnte mehr Kirschen applizieren oder sich für andere Früchte entscheiden. Solche Applikationen sehen auch auf einer größeren Schulter- oder Strandtasche gut aus.

KIRSCH-TÄSCHCHEN

Wer ein hübsches, aber etwas langweiliges Täschchen aufmöbeln will, sollte zu Stoffresten und Stoffröschen greifen. So entsteht ein kleiner Hingucker, auf den man stolz sein kann.

MEHR IDEEN

Eine Girlande aus mehreren Stoffblumen wie die auf dem Schuh bzw. der Mütze sieht auf einem Haarband oder einem Gürtel zauberhaft aus.

TECHNIK

Aufgebügelt

A B C

A Zwei Kirschen zuschneiden (nach Wunsch auch mehr)

B Zwei Stiele zuschneiden (nach Wunsch auch mehr)

C Ein Blatt zuschneiden (nach Wunsch auch mehr)

MATERIAL

- Gekauftes Täschchen
- Stoffe nach Wahl
- Haftvlies
- Gekaufte Seidenröschen

Vorlage

Eine Abwandlung des Motivs 90 von Seite 108.

SO WIRD ES GEMACHT

1 Die Motivteile aus den Stoffen zuschneiden.

2 Das Motiv und die Stoffrosen auf die Tasche legen und eventuell verschiedene Anordnungen ausprobieren.

3 Nun die Motivteile aufbügeln (siehe Seite 26–27): zuerst den Stiel, dann die Kirschen, zuletzt das Blatt.

4 Die Blüten in einer Reihe rechts von den Kirschen arrangieren, um eine ausgewogene Verteilung zu erhalten, und mit einigen Stichen festnähen.

TECHNIK

Von Hand, 3D-Applikation, aufgebügelt

A B

A Fünf Blütenblätter zuschneiden (Vorderseite)

B Fünf Blütenblätter zuschneiden (Rückseite)

MATERIAL

- Stoff für die Vorderseite
- Stoff für die Rückseite
- Haftvlies
- Ein Knopf (pro Blüte)

Vorlage

Krokus auf Seite 70

SO WIRD ES GEMACHT

1 Die Blütenblätter zuschneiden. Jeweils eine Vorderseite und eine Rückseite mit Haftvlies aufeinanderbügeln.

2 Knapp neben den Schnittkanten die Blütenblätter mit Zickzackstich absteppen.

3 Die unteren Enden der Blütenblätter mit Vorstichen von Hand zusammennähen. Den Faden fest anziehen, damit sich die Blütenblätter etwas kräuseln. Den Faden fest verknoten.

4 Die Blüte mit einigen Stichen auf der Mütze (oder einem anderen Untergrund) festnähen. In der Mitte einen Knopf aufnähen.

KLEINE BILDER

MEHR IDEEN

Für ein größeres Bild kann man eine Blume hinzufügen, auf der der Marienkäfer Jagd nach saftigen Blattläusen macht. Statt ihn mit Pailletten einzurahmen, kann man ihm auch Knöpfe als Punkte auf die Flügel nähen oder witzige Wackelaugen aufkleben.

WANDBILD IM JAPANISCHEN STIL
Wandbilder haben eine sehr persönliche Ausstrahlung. Vielleicht ist ja noch ein Rest Vorhang- oder Kissenstoff übrig? Dieses Motiv ist von der japanischen Textilkunst inspiriert.

GLITZERKÄFER
Dieser Käfer wurde mit Pailletten in passenden Farben verziert. Vor dem Zuschneiden die Vorlage auf das gewünschte Format vergrößern.

KOKESHI-WANDBILD
Mehrere Motive können zu einer kleinen Szene zusammengefügt und appliziert werden. So ein Bild ist eine zauberhafte Dekoration für die Schlafzimmerwand.

MEHR IDEEN

Wenn der Keilrahmen recht groß ist, kann man mehrere Bäume applizieren und das Mädchen in einen Wald setzen. Vielleicht freut sie sich auch über einen Gefährten? Wer die Früchte und Kuchen von Seite 105–115 verkleinert, könnte sogar ein Picknick gestalten. Dazu passen Wandtiere als Zuschauer, beispielsweise eine Eule (Seite 94) oder ein Eichhörnchen (Seite 98).

TECHNIK

Mit der Maschine und aufgebügelt

A B C

D E

A Eine Baumkrone zuschneiden
B Einen Baumstamm zuschneiden
C Einen Körper, zwei Ärmel und die Haare zuschneiden
D Einen Gürtel zuschneiden
E Ein Gesicht zuschneiden

MATERIAL

- Leinwand auf Keilrahmen
- Hintergrundstoff
- Applikationsstoffe
- Knöpfe für den Baum
- Eine Stoffblume
- Tacker

Vorlage
Knopfbaum auf Seite 68
Kokeshi in Creme auf Seite 82

SO WIRD ES GEMACHT

1 Den Stoff bügeln, um Fältchen zu entfernen.

2 Den Hintergrund zuschneiden. Er muss ringsherum 2,5–4 cm größer sein als der Keilrahmen, damit er sich zur Rückseite umfalten lässt.

3 Die Motive auf den Hintergrundstoff bügeln und die Kanten nach Wunsch zusätzlich mit der Nähmaschine nachsteppen.

4 Die Knöpfe auf den Baum nähen. Die Stoffblume auf die Haare des Mädchens nähen oder kleben.

5 Den Hintergrundstoff mit der Applikation auf links drehen. Den Keilrahmen mittig darauf ausrichten.

6 Die Stoffränder um den Keilrahmen schlagen, gut stramm ziehen und mit einem Tacker am Rahmenholz befestigen. Zuerst die Längsseiten festtackern, dann die Schmalseiten. An den Ecken den Stoff überlappend einschlagen und festtackern.

TECHNIK

Mit der Maschine und aufgebügelt

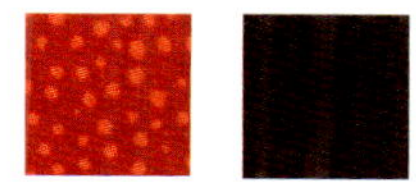

A B

A Einen Marienkäfer zuschneiden
B Einen Kopf zuschneiden

MATERIAL

- Leinwand auf Keilrahmen
- Hintergrundstoff
- Stoff in Rot und Grün
- Pailletten

Vorlage
Marienkäfer auf Seite 91

SO WIRD ES GEMACHT

1 Den Stoff bügeln, um Fältchen zu entfernen.

2 Den Hintergrund zuschneiden. Er muss ringsherum 2,5–4 cm größer sein als der Keilrahmen, damit er sich zur Rückseite umfalten lässt.

3 Den Marienkäferkörper auf den Stoff legen und aufbügeln. Den Kopf anschließend aufbügeln.

4 Rings um die Kontur des Käfers rote und grüne Pailletten überlappend als enge Reihe sticken.

5 Die Trennlinie zwischen den Flügeln mit Rückstich aufsticken, die Punkte mit gestickten Kreuzen andeuten.

6 Den Hintergrundstoff mit der Applikation auf links drehen. Den Keilrahmen mittig darauf ausrichten.

7 Die Stoffränder um den Keilrahmen schlagen, gut stramm ziehen und mit einem Tacker am Rahmenholz befestigen. Zuerst die Längsseiten festtackern, dann die Schmalseiten. An den Ecken den Stoff überlappend einschlagen und festtackern.

REGISTER

NÜTZLICHE ADRESSEN

Das Internet hat sich zu einer nützlichen Quelle für Informationen aller Art entwickelt. Viele Fachhändler verfügen über einen Online-Shop, so dass man heute nicht mehr in der Großstadt wohnen muss, um interessante und ausgefallene Materialien einzukaufen. Auf Internet-Foren tauschen Handarbeitsfans ihre Erfahrungen aus, präsentieren ihre Modelle und bieten oft auch Vorlagen und Anleitungen kostenlos an.

Stoffe
www.twinsgarden.de (Stoffe von zeitgenössischen Textildesignerinnen)
www.basar-afrika.de (Stoffe aus Afrika, Bali, Amerika)
www.roomzone.de (Stoffe im Stil der 1970er Jahre)
www.volksfaden.de (Stoffe, Schnittmuster)
www.stoffekontor.de (Stoffe, Nähzubehör, Bücher und mehr)
www.frautulpe.de
www.tuchfuehlung.net
www.stoffe-zanderino.de
www.stoffcorner.com
www.fadenversand.de
www.funfabric.com

Einlagen, Vliese, Füllmaterialien und mehr
www.quiltzauberei.de
www.suesquiltshop.de
www.quiltundtextilkunst.de
www.kunstundmarkt.com
www.stickprofi.de
www.vlieseline.de (ausführliche Produktinformationen und Händlersuche auf der Website)

Borten, Spitzen, Pailletten und mehr
www.gewandundtand.de
www.dsversand.de
www.goerlach-gmbh.de
www.everglaze.de
www.perlenladen.de
www.perlentruhe.de
www.gluecksfieber.de
www.paillettenshop.de
www.stoffexpress.de

BILDNACHWEIS

Besonders danken wir Stephen Bogod bei Bernina für die Bereitstellung einer *Bernina Activa 230PE* Nähmaschine für die Fotos.

Bernina Sewing Machines
50–52 Great Sutton Street
London EC1V 0DJ
Tel: (0044) 20 7549 7849
Web: www.bernina.co.uk
Email: info@bernina.co.uk

DANK DER AUTORIN

Vielen Dank an die freundlichen Mitarbeiter von *Manhattan Fabrics* und *Paron Fabrics, j. caroline Designs, Duncan Enterprises, Pellon* und *J & O Fabrics*, die viele der Stoffe und sonstigen Materialien für die Projekte in diesem Buch zur Verfügung gestellt haben.

Dank an das Team von *Quarto Publishing*, durch dessen Unterstützung dieses Buch erst möglich wurde.

Und besonderer Dank an meinen lieben Mann, der all die Stoffreste und das Gerede über Applikationen geduldig ertrug. Danke für die Ermutigung und den Glauben an mich.